DXを成功に導く人材を育成する

実践リスキリング

著
岸和良
杉山辰彦
下田悠平
宮本智行
稲留隆之

日経BP

はじめに

デジタル技術やデータを使ってイノベーションを起こし、顧客に便利な商品やサービスを提供、ビジネスを圧倒的に成長させることが世界的潮流となって久しい。これらはDX（デジタルトランスフォーメーション）と呼ばれ、多くの企業や団体で導入されたり、検討が進められたりしている。

DXを進めるうえでのキーワードが、価値創造である。誰にどのような価値を提供するかの観点から細分化すれば、顧客価値であり、従業員価値であり、自治体であれば住民価値である。

大事な話なので例を示したい。筆者が勤務する保険業界の代表的商品の1つである自動車保険で価値とビジネス実装の関係を考えてみよう。もともと自動車保険は販売店（ディーラー）や町の修理店（民間車検場）などで販売していた。A社は今もこの販売チャネルがメインである。そこにネットで自動車保険を販売するネット損保のB社が現れた。

両社は同じ保険業界の企業であり、同じ自動車保険を扱うが、A社とB社の顧客価値は異なる。A社は、「魅力的な保険商品」「顧客に近い店舗」「丁寧で親切で迅速なアフターサービス」「早く簡単な支払査定・手続き」などが顧客価値になる。事業を拡大するのであれば、これらのブラッシュアップが必要だ。

B社であれば、「魅力的な保険商品」「（ネットなので）安い保険料」「スマホでも分かりやすい商品説明」「保険付随コンテンツが魅力的」「登録しやすい申込画面、素早い加入手続き」「丁寧で親切で迅速なアフターサービス」「早く簡単な支払査定・手続き」などになる。顧客価値が異なるので、2社のDXのあり方は異なる。

A社は全国の販売チャネルで自動車保険を営業担当者が販売するので人の価値を中心に考える。人の価値にフォーカスして、デジタル化し、新しい価値を生み出す方向でDXを考えることが必要だ。

B社のネット損保は基本、人が介在せず、ネットだけで自動車保険を販売する。DXはデータやデジタルを使い顧客価値を生み出す方向になるだろう。使いやすいシステム、レコメンド機能、人が介在しない分、人がやってきたサービスを代替するバーチャルコンテンツなどが必要だ。あるいは、デジタルでの保険販売に、人を介在させ、Zoomなどのビデオ会議システムで人が遠隔接客し、加入をためらう、または説明しないと分からない客に最後のひと押しする方向性もあるだろう。

同じ自動車保険ビジネスでも、企業の経営方針、使命感（パーパス、企業のあり方）、商材、チャネル、サービスなどの価値連鎖である「バリューチェーン」が異なれば、実現の手段も出来上がりも異なってくる。これがDXの本質である。バリューチェーンを理解したうえで、デジタルを用いなければならない。

バリューチェーンや価値創造、ビジネスモデルなどの知識、理解が必要なDXは従来型のビジネス設計や組織体制、人材育成方法では進めることは難しい。筆者はDXを成功させるためには、企画・推進に必要な体制、プロジェクト管理と並んで、特に人材育成の一環である「リスキリング（新しい知識、スキルを身に付けてもらうこと）」が重要であると考える。

これは自らの経験からくる実感でもある。現在、筆者は所属する住友生命のDX推進にかかわるなかで、顧客価値と「ビジネスの仕掛け」を使ったビジネス発想力養成やプロジェクト管理のための講座を開発、運営している。ビジネスの仕掛けの習得に有用な研修、教材を開発し、社内、グループ会社の人材だけでなく、広く社外人材にも展開し、学会活動も行っている。

ビジネスの仕掛けとは、筆者が使う言葉で、価値創造やビジネスモデルを構成する要素を指す。具体的には、シェアリング、クラウドファンディング、プラットフォーム、ネットワーク効果などの言葉が該当する。

本書は価値創造とその手段であるビジネスの仕掛けを使いビジネスの発想方法を再学習すること、ビジネススキルのリスキリングをテーマとする。

4部構成でリスキリングの実践が始まる

簡単に本書の内容を説明する。本書はリスキリングの実践に役立つことを念頭に置いた4部構成である。第1部ではリスキリングのスタートとして、DXの実現、デジタルビジネスの成功には価値創造が最も重要であること、さらに価値創造には17のビジネスの仕掛けが大きな役割を果たすことを記した。17のビジネスの仕掛けは以下の通りである。

▼17のビジネスの仕掛け

①オンライン化
②オンラインマッチング
③プラットフォーム
④ネットワーク効果
⑤クラウドファンディング
⑥コンテンツマーケティング
⑦ファンマーケティング
⑧プロセス体験型消費×SNSマーケティング
⑨体験型消費×お試しマーケティング

⑩顧客ロイヤルティープログラム
⑪D2C
⑫D2Cサブスク
⑬プロシューマー
⑭シェアリング
⑮シェアリング×データ
⑯IoTビジネス
⑰既存資産転用

見慣れないものがあるかもしれないが、これは筆者が国内および世界のDX、デジタルビジネスの事例を調査し、理論的な完成度の高さではなく、多くの事業会社が実際に取り組みそうなものを、取り組む際の手がかりになりやすい形で示そうとした結果である。あれこれ悩まずに、まずビジネスの仕掛けを理解する。これがリスキリングの実践で最も重要だからだ。

第2部では、17のビジネスの仕掛けがどういったものかを、具体的にイメージできるように説明した。それぞれに成功するためのポイントをまとめた独自のチェックリストを添付している。

第3部では、17のビジネスの仕掛けの中から、特によく実際のDXに用いられる9つのビジネスの仕掛けを選び、より理解を深めるための演習問題を作成した。

第4部は視点を変え、ビジネスの仕掛けそのものではなく、これを学ぶ手法、つまりリスキリングの進め方にフォーカスした。

前半ではリスキリングによって目指す人材像とリスキリングに有効な5つの手法を紹介する。

▼リスキリングに有効な5つの手法

①自己学習
②座学型研修
③ワークショップ型研修
④実践型演習
⑤実務での育成（ＯＪＴ）

後半では筆者の属する住友生命で実施しているワークショップ型研修の内容と進め方、さらにはリスキリングを成功に導く9つの学びの仕掛けを説明する。学びの仕掛けの具体的内容は以下の通りだ。

▼9つの学びの仕掛け

①「理解していないという自覚」を持たせる
②「学習動機」を高める
③「すぐ調べる」くせをつける
④「多様な人材」で意見交換する

⑤「すでにある知識・経験」を使う
⑥「質問を使って」理解を深める
⑦「テンプレート」を使う
⑧「考えるヒント」を使う
⑨「制限時間を決めアウトプット」させる

本書が多くのビジネスパーソンやＤＸ、デジタルビジネスにかかわる人材のリスキリングに貢献し、日本企業のＤＸが加速すれば、これ以上の喜びはない。

なお本書の内容はＪＤＩＲに連載した「ＤＸ企画・推進人材のための『ビジネス発想力養成講座』」と「ＤＸ企画・推進人材のための『リスキリング実践講座』」の２つを大幅に加筆・修正したものである。

令和４年12月　著者代表　岸　和良

目次

第3部 ビジネスの仕掛けを身に付ける 131

第4部 リスキリングはこう進める 183

第1部

DXをもたらす リスキリングの第一歩

第1章

ビジネスの仕掛けで価値を創造

価値創造とビジネスの仕掛け

筆者が勤務する住友生命保険（住友生命）は、２０１８年にローンチしたＤＸ型健康増進保険である「住友生命Vitality」の顧客価値向上を中核に多くのデジタル案件を推進している。同時に力を入れるようになったのが、ビジネス（事業部門）側かシステム側かにこだわらないＤＸ企画・推進人材の育成だ。

筆者は２０１６年から南アフリカ共和国のディスカバリー社との共同事業であるVitalityの開発に携わり、ローンチ後は保険ＤＸプロジェクトも担当、現在はデジタルオフィサー（デジタル全般の推進責任者）として業務のデジタル化や、デジタルを使った新ビジネスの企画・推進、さらにはＤＸ人材の育成活動として、既存人材のスキルをアップデートするリスキリングに資する研修企画・教材作成、講師業務を行っている。はじめにでも触れた通りだ。

リスキリングでは、デジタル時代に必要なスキルや知識をビジネス側の人材に習得してもらったり、レガシーシステムを担当してきたシステム人材をＤＸ人材へシフトする取り組みを実施したりしている。

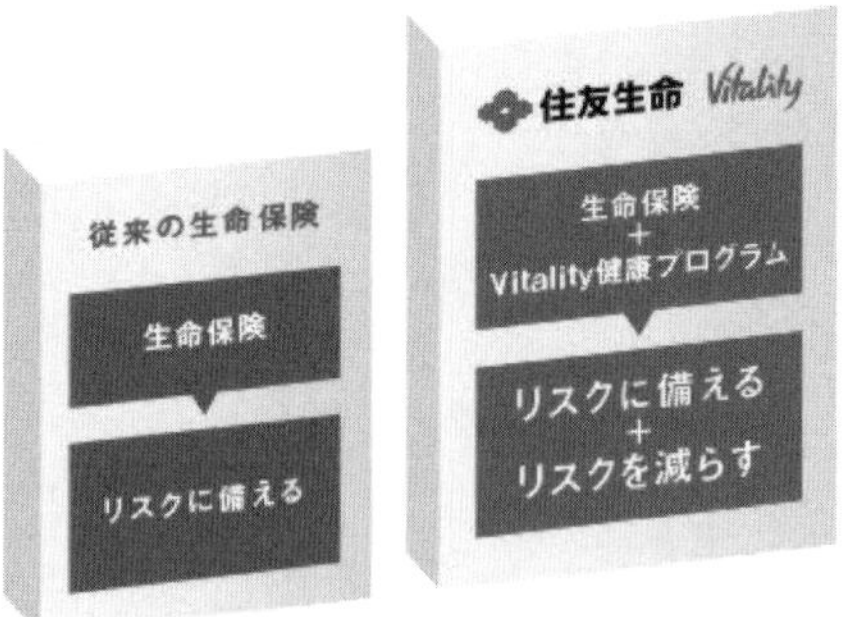

住友生命DX型健康増進保険である
住友生命「Vitality」の特徴

出所：住友生命

生命保険ビジネスで従来型の業務を長く担当してきた筆者にとって、顧客体験価値にフォーカスした保険商品・サービスであるVitalityの開発は衝撃的な体験だった。痛感したのはＤＸ企画・推進に欠かせない価値創造（当社の場合は顧客価値）と、はじめにで話したビジネスの仕掛けに関する知識の不足である。ＤＸは、データ、デジタルはもちろん、多くのビジネスの仕掛けを使って商品・サービスを組成しなければ進んでいかないからだ。

ビジネスの仕掛けは、ビジネスモデルやマーケティング、消費者行動と価値の変化（モノ消費➡コト消費）などビジネスに影響を与える要素であり、新しいビジネスを生み出し、実現させる手段である。１つだけでなく複数を組み合わせて使うこともある。

住友生命だけの問題ではない。現在、筆者は社外活動として、他企業や学会活動で、年間約40~50のリスキリングに関する講演、セミナー、研修を行っているが、いつも受講者から聞かれる問いがある。

「ＤＸの推進担当になったが、何を学べばいいか分からない。どうリスキリングしてもらえばいいか分からない」というものだ。「ＤＸ企画人材のスキルセットには何が必要か」「ＤＸプロジェクトを進めるために、どのような知識が役立ったか」といった質問を受けることも多い。

筆者の答えは決まっている。データとデジタルは当然だが、特に重要なのは価値のつくり方とその手段であるビジネスの仕掛けである。

ＤＸに欠かせないビジネスの仕掛け

ＤＸはブームと言っていいが、実現させるためのビジネスの仕掛けがどういうもので、何をもたらしているのか、多くのビジネスパーソンが知らないのが現実である。

例を挙げよう。プラットフォームというDXではおなじみの言葉がある。「プラットフォームと言えばアマゾン、楽天、メルカリ、ヤフー…」という文脈などで使われる。

実はプラットフォームはビジネスの仕掛けだ。では、プラットフォームを作るためには何を知っている必要があるだろうか?

セミナー、研修の参加者をはじめ、筆者は多くの人にこう質問するが、返ってくる答えは、だいたい3パターンになる。1つ目は苦笑いして黙ってしまうパターンである。「そもそもプラットフォームに必要な要素なんて考えたことないよ」という反応だ。人は思ってもいないことを不意に聞かれると苦笑いする。

余談だが、筆者はパラレルキャリアで教育研究もしているが「質問によって行動変容を引き出す」手法をよく使う。最初は苦笑いするものの2回、3回と不意を突いた質問をすると、次第に答えるようになる。人は不意に知らないことを聞かれると心地よくない状態になる。だから不快な状態にならないように回答しようと行動する。これを繰り返すとそれまで知らなかったことを知るようになる。

プラットフォームの誤解

2つ目は、少し考えて、「ネット関係の知識が必要だ。アマゾンのようなECサイトなど、ネット系に強いこと」と答えるパターンである。プラットフォームと言えばアマゾンというステレオタイプだ。多くの人がプラットフォームと聞けばネットに結び付ける。筆者も以前はそうだった。

これはある意味で正しい。プラットフォームはネットと相性が良いという見方は正しいのだが、プラットフォームはネットの世界だけのビジネスの仕掛けではない。

ネットに依存しないプラットフォームの代表はゲーム機とソフトウエアの関係のエコシステムだ。基盤となる製品とそこで使える多くの製品が組み合わさって大きな価値をもたらすものをプラットフォーム型ビジネスと呼ぶ。ベースであるゲーム機とソフトが組み合わさり大きな価値を持ち、さらに客を集め、そのゲームのエコシステムが人気になると、さらに客とソフトが増える。これがプラットフォーム型ビジネスだ。

しかし、多くはプラットフォームの本質まで突き止めようとせず、「アマゾンやメルカリ、ヤフーや楽天のようなプラットフォームが作りたい」とだけ言う。ここで思考停止して先に行くことができない。DXを進めたいのであれば、大事なのは、プラットフォームの本質を理解し、何をすればプラットフォームが作れるかを知ることだ。

3つ目は、「プラットフォームはアマゾンのような会社だからできる。普通の会社には絶対できない」と答えるパターンである。自分や自社では絶対無理と思考停止してしまう状況である。このような人は、正しい知識があれば実はプラットフォームを作るのはさほど難しくないことを理解していない。

プラットフォームを作るためのビジネスの仕掛け

プラットフォーム型ビジネスを成功させるためには、何を知っている必要があるだろうか？　答えは「ネットワーク効果」と呼ばれる別のビジネスの仕掛けである。この言葉を理解していないとプラットフォームのつくり方は分からない。

ネットワーク効果は、ネットワーク外部性とも呼ばれ、ある場所に客が集まると、その客に商品を販売する者が集まり、それらの商材でさらに客が増えるというスパイラル的規模増幅効果のことである。

プラットフォームの成功要素

ネットワーク効果という言葉を知っているだけでは不十分である。DXやデジタルビジネスに役立てるならネットワーク効果を有効に働かせるための具体的な要素まで把握しなければならない。以下のチェックリストはプラットフォームの成功要素を筆者が書籍やWeb、雑誌の記事などを参考にして作成したものだ（第2部で詳述）。本書で主に取り上げるのは、このようなコンテンツをチームや社外に共有することでビジネスの仕掛けを身に付けてもらう実践的なリスキリングである。

従来のビジネス知識やビジネス発想では対応できない

すでに書いたように、DXビジネスの企画・推進は従来のビジネスの知識やスキルだけでは対応できないことを筆者はVitalityの導入で痛感した。実践的なリスキリングに取り組もうと考えた理由はここにある。

もう少し詳しく当時の状況を説明する。仕事で使うデジタル用語やビジネス用語が分からず、協業先と会話にならなかったのだ。Vitalityの開発や他のDXの仕事が始まった頃は、協業先のメンバーと会話する際、先方が知っていて当然という感じで話す内容に反応できないのだ。反応できな

プラットフォームの成功要素のチェックリスト

出所：筆者

チェック項目	内容
①プラットフォームのコンセプトが明確なこと	プラットフォームが永続する社会的意義、価値がある、メッセージとして伝わる　など
②買い手の参加があること	商材の買い手が多く参加する仕掛けがある 〈例〉品ぞろえが多い、安い、価値がある、オリジナリティーが高い、分かりやすい　など
③売り手の参加があること	商材の売り手が多く参加する仕掛けがある 〈例〉お客が多い、高く売れる、継続的に売れる　など
④ネットワーク効果があること	お客がお客を呼ぶ、お客が売り手を呼ぶ、売り手が売り手を呼ぶ、売り手がお客を呼ぶ仕掛けがある 〈例〉レコメンド、グループクーポン　など
⑤データが生かされていること	データなどが継続的に取得でき、データがネットワークや商材の価値、顧客の価値をもたらす仕掛けがある　など

かったのは以下のような言葉だ。

「D2Cではファンマーケティングが必須ですよ」
「リストマーケティングには向かないから、コンテンツマーケティングでナーチャリングしないとダメです」
「サブスクは従来チャネルとコンフリクト起こしますので」
「データ分析でなくて、データビジネスを考えていく必要があります」
「クラウドファンディングは予約販売類似で使えますよ」
「顧客ロイヤルティーを高めるには非売品の商品を優先的に買えるようにしないと」

このような会話は、特にECプラットフォーマーやスタートアップ企業、デジタルマーケティングのコンサルティング会社と仕事をするときに多かった。Vitalityをローンチさせるために、筆者はこれらの用語のニュアンスを正確に理解する必要があったので、話題に追い付くのがとにかく大変だった記憶がある。

今となっては、「D2Cはメーカーによる消費者直販のことで、消費者に直接販売するため、顧客を増やそうとすると、ファンになって継続的に購買してもらわなければならない。対策としてファンマーケティングが必須である」と理解できているが、当時は、D2Cも、ファンマーケティングも知らなかったので、何を言っているのかさっぱり分からなかった。

DXのような新しい仕事を進める際には、専門用語や特有の言い回しを知っているのが前提の会話になることが多い。筆者を含め住友生命でDX系の業務の担当者は、必ずと言っていいほど最初は専門用語や特有の言い回しに戸惑った。

分からないことはスマホで調べるくせをつける

この戸惑いから逃れるため、筆者たちがやったのは愚直にスマートフォンで調べることだった。会話中に分からない用語やニュアンスがあると思考が止まる。対処するために筆者たちはルールを決めた。仕事中であってもスマホで検索し、内容を理解してから仕事を再開するというものだ。

今でも筆者のチームでは業務中にスマホを触ってもOKにしている。「仕事中にスマホを触っているのは勤務態度としてどうなのか」という意見があるが、スマホは「外部脳」だと考えてほしい。自分の頭脳、つまり内部脳と外部脳をうまく使って、仕事のスピードが上がればいい。

いつでもどこでも上司の前でもスマホで調べるルールには大きな効果があったので、リスキリングのための研修にも組み込んでいる。研修中に「スマホで調べて短期間で課題解決の方向性を出す」ように行動変容してもらうためだ。

実際に、研修後の実務でも、受講者はすぐにスマホで知らないことを調べるようになり、仕事が速くなった。筆者の実体験を紹介する。

スマホで調べながらどのようにアイデアを発想しているか

医療機器メーカーのZ社とDX新ビジネスを共同検討していたときの話だ。Z社は業界最大手で、「新しい顧客価値を創造するために生命保険が使えないか」という話だった。先方との打ち合わせの前に、まず筆者とチームメンバーでアイデアを洗い出すディスカッションを行った。

コロナ禍のZoomを使ったオンラインミーティングである。ディスカッションには筆者を含め7人が参加した。

筆者がひと通りアイデアの方向性を示した後、メンバーの一人からアイデアを説明してもらった。

ここで筆者は不満を感じた。他のメンバーから質問も別のアイデアも出なかったからだ。映像ありにすると回線がひっ迫する環境だったので、ミーティングは音声だけだった。黙っているとそれぞれ何をしているのか分からない。「何か感じることがあるだろう。なぜ、黙っているのか？　がっかりだ」と思っていると、やがて他のメンバーが次々と発言し始めたのだ。

「Z社の業界にはこういう成功事例がある」

「この業界のタブーは○○である」

「似たようなケースで失敗した会社がある」

議論は止まらない。全員が次々とネットで調べた情報を紹介し、自分なりの解釈を述べていく。

メンバーはただ黙っていたわけではなかった。一生懸命、問題解決のヒントとなる情報をスマホで調べていた。打ち合わせだけでなく、その後のZ社とのミーティングも白熱したディスカッションになり、具体的なアイデアを提案できたのである。

Z社からは「我々の業界をよくご存じですね。この業界にはタブーがあるので、それを避けるビジネスでないといけないのです」とのコメントがあり、筆者たちの提案の方向で検討が継続されることになった。Z社の好意的な反応は、会議の最中に問題意識を持ってチームの全員がスマホで調べたことで、短時間に深い議論が実現したからこそだと思っている。

新しいことを身に付ける日常行動

仕事上の目的を達成したいという強い学習動機がある場合、仕事で分からないことをスマホで調べるのは、新たな知識を身に付ける絶好の機会である。生命保険業界でしか働いていなかった筆者たちのチームには、Z社の属する医療機器業界の知識はなかった。しかしZ社と協業し新しいビジネスをつくるという目的のもと、スマホを使ってネットで調べることで、短期間に医療機器業界の知識を身に付けること（＝リスキリング）ができたのだ。

これがＤＸ関連の仕事を進める際の基本行動である。ＤＸを進めようとすれば、ほとんどの場合、新しい知識、これまで身に付けていないスキルを使う場面が出てくる。対応する知識を短期間で習得する必要がある。ｅラーニングなどで身に付けることもできるが、目的がないと短期間に身に付けるのは難しい。

思った以上に準備にも手間がかかる。予算確保のため、ｅラーニングの効果を社内りん議書に明記する必要もあるし、効果の測定法も決めなければならない。ｅラーニング導入自体にも時間が必要だ。下手をするといつまでたっても新しい知識が身に付かず、リスキリングが進まない。

「スマホ＋すぐに調べて理解」ならすぐに始めることができる。課題を設定し、解決策を考えてもらう。新しい知識はスマホで調べる。これを繰り返すと習慣になり、気が付くと行動変容している。新しい言葉が出てきても、すぐに調べて解決策を検討できるので確実にスピードが上がるし、コストもかからない。スマホでの検索は低コストで有効な学習方法である。

価値を創造する

すでに説明した通り、筆者は、新しいビジネス、DXは「ビジネスの仕掛けを使った経営改革」だと考えている。DXというと、データやデジタルといった技術面だけが重要と思われがちだが、正しくない。手段にすぎないのだ。最も大事な要素は、はじめにでも触れた価値創造、多くの企業にとっては顧客価値の創造である。最初に「(顧客)価値」を考える。次に具現化する手段としてビジネスの仕掛けを考え、その次に手段としてデジタルを選ぶ。これで有用なビジネスが実装され、DXが実現するのだ。

ひげそり製造販売のダラーシェイブクラブの顧客価値

有名なので知っている人も多いかもしれないが、顧客価値と経営戦略の具体化の関係を理解するいい事例を紹介したい。米国でひげそり本体とその替え刃を会員制のサブスクリプション(顧客による定期購入方式)で提供するダラーシェイブクラブの例である。

ひげそりを買いたい人は同社の会員になり、ひげそり本体と替え刃を定期購入する。消耗品の替え刃は、定期的に会員に宅送されるので、店舗に出向いて買う手間がなくなる。そのうえ、大手ひげそりメーカーの製品よりも替え刃は低価格だ。なぜ安く買えるのかは以降で説明する。

同社の経営戦略をどう考えればいいだろうか。重要なのは、データやデジタルというテクニカルな部分だけに着目しないことである。こうしてしまうとDXは進まないし、良いビジネスはつくれない。

同社には顧客が使うシステムが必要になる。スマホを使って会員登録して、連絡先、さらに料金の決済手段を登録してもらう機能を実現するためだ。従来のシステム開発のやり方に慣れている人は、最初からスマホの登録画面デザインや、入力項目を収録するデータ構造にフォーカスしてしまう。

必要な入力項目であるメールアドレスや携帯電話の番号、氏名、住所、商品の種類、定期配送の頻度、決済方法やカード番号をどう設計しようかという具合だ。もう少し勉強した人なら会員登録や注文処理に必要な入力が面倒でないＵＩ（ユーザーインターフェース）とＵＸ（ユーザーエクスペリエンス、顧客体験）に気を付けるだろう。

だが、ここで終わっては、ＤＸ企画・推進人材としては不十分だ。技術面からしか実装を検討していないからである。

顧客価値によって経営戦略は決まる

ＤＸは、これまでのビジネスの常識を変えるような目的を伴うことが多い。ダラーシェイブクラブも同様である。競合である大手ひげそりメーカーから顧客を奪う必要がある。大手をディスラプト（破壊）することが経営上不可欠であるから、経営戦略は、「大手ひげそりメーカーから顧客を奪い、自社に取り込んで離さない」になる。

大手メーカーの顧客を自社に呼び込むために必要なのが顧客価値である。ダラーシェイブクラブが提供すべきひげそりの顧客価値は、「ひげそり自体の品質が大手メーカーと比べて同等かそれ以上に良い」「大手よりも低価格」「会員登録や注文のしやすさ」「商品の価値がすぐ分かる広告」などである。

▼ダラーシェイブクラブの顧客価値として考えられること

- ひげそり自体の品質が大手と同等または良い
- 大手よりも低価格
- 会員登録や商品注文のしやすさ
- 商品の価値がすぐ分かる広告　など

DXの実現に必要なそれぞれの価値とビジネスの仕掛け、デジタルの関係について詳しく見ていこう。

・ひげそり自体の品質が大手と同等または良い

ひげそり本体と替え刃のよしあしにはデジタルはあまり関係ない。製品として優れているひげそりメーカーを探し、委託することになる。

・大手よりも低価格

大手より低価格を実現するためには、製造委託先と価格交渉して仕入れ価格を下げる必要があるが、限界がある。ここでビジネスの仕掛けが有効になる。D2C（ダイレクト・ツー・コンシューマー、直接販売）の手法を選ぶことで流通コストや店舗運営コスト、サブスクリプションの採用によって広告コストなどを削減できれば、大手より低価格での製品提供が可能になる。

D2Cやサブスクリプションが経営戦略に不可欠であり、言葉や意味を知らなければビジネスプランもシステムも設計できない。

・会員登録や商品注文のしやすさ

この段階になって初めて、UI・UXを考慮したシステム設計となる。前記のひげそり自体の品質が大手と同等または良い、大手よりも低価格という顧客価値を十分に考慮して画面デザインや入力項目を設計しなければならない。繰り返すが、単に機能を与件とするのではなく、顧客価値を意識して機能を考え、システムを設計する。

・商品価値がすぐ分かる広告

ひげそりサブスクリプションの価値を大勢の顧客に伝えるには、どうすればいいだろうか。シンプルに「大手より安い」「定期配送されるので店に行く必要がない」と伝えればいいと思うかもしれないが不十分だ。顧客にとって最もインパクトがあるのは、データによる価値の訴求だ。

大手メーカーの顧客が、どれくらいの期間で、どれだけの人数が同社の会員になり、どのくらいの期間使い続けるか。データとして世の中に提供すれば、SNSなどで話題になる可能性が高まり、多額の広告コストをかけずに、自社商品を告知できる。データを使った広告やデータ、SNSを使ったマーケティングもビジネスの仕掛けである。

DXは顧客価値をベースに考えると理解しやすい。顧客価値はビジネスの仕掛けを通じて実現され、システムに実装される。

顧客価値とビジネス成功要素

ここからはいくつかの国内企業の例を取り上げる。

エクボクローク（ecbo cloak）という日本の荷物一時預け入れサービスがある。スマホで予約できる荷物預け入れサービスで、「場所シェアリング」の一種だ。荷物を一時保管する場所（駅構内・郵便局・カフェなど）をスマホで検索し、見つかった場所に荷物を預けることができる。コインロッカーに入らない大型の荷物（ベビーカー、スポーツ用品、楽器など）も預けることが可能で、全国の都道府県の1000カ所を超える店舗などで利用可能だ。

エクボクロークのビジネスの本質はシェアリングであり、荷物を預けたい人と荷物を一時保管してくれる場所（店舗、喫茶店、駅前の一般宅）のマッチングだ。顧客価値としては以下のようなものが想定される。

▼エクボクロークの顧客価値

①登録されている荷物保管場所が多い➡荷物を預ける人
②素早く荷物を預けられる（スマホで完結するなどで手続きが面倒でない）➡荷物を預ける人
③サービスを使うとポイントが貯まり、割引になってお得➡荷物を預ける人
④荷物預かり場所の登録が簡単で面倒でない➡場所を提供する人　など

顧客価値を考える場合は、利用者の手間がかからない・簡単である・待たせない（②、④）、自分にピッタリの選択肢が多い（①）、使うと得をする（③）などで考えると思いつきやすい。

これらの顧客価値を前提に考えると、サービスの成功要素は、「顧客データ（荷物を預ける人、荷物を預かる場所の人の両方が顧客）の量」「顧客データの分析とレコメンド」「ポイント制度を活用した顧客ロイヤルティープログラム」の充実、使いやすいスマホアプリなどになる。

▼エクボクロークのビジネス成功要素として考えられること

- 顧客データ（荷物を預ける人、荷物を預かる場所の人の両方が顧客）の量
- 顧客データ分析とレコメンド
- ポイント制度を活用した顧客ロイヤルティープログラムの充実
- 使いやすいスマホアプリ　など

回転すしの大手チェーンであるスシローは、データ化やデジタル化を進めており、来店客の受付機能、客席でのタッチパネルでの注文機能、アプリを活用した来店予約や持ち帰りすしの注文、決済機能などを実装している。現金、クレジットカード、二次元コード決済に対応したセルフレジ機能もある。さらに自動土産ロッカー機能、すしレーンのショートカット機能、一定時間経過後の廃棄指示機能など、総合的な店舗管理と顧客管理のシステムが効率化を支える。

スシローは、シェアリングであるエクボクロークと違って、店舗ですしを提供するリアルビジネスが主力の企業である。「店舗で待たせない」「素早くすしを提供する」「会計が素早い」、またコロナ禍では「持ち帰りすしをスムーズに手渡しできる」などが顧客価値になる。

▼スシローの顧客価値

①店舗で待たせない
②素早くすしを提供する
③会計が素早い
④持ち帰りすしをスムーズに手渡しできる　など

この場合の顧客価値は、利用者の手間がかからない・簡単である・待たせない（①〜④）などで考えるのが良いだろう。回転すしは混雑するので、何よりも待つことが大きなペイン（悩み、困りごと）だからだ。

これらの顧客価値を満たすためには、「スマホや店舗での店舗予約システム」「操作しやすいタッチパネル式注文システム」「最速到着すしレーンシステム」「持ち帰りすし予約システム」「自動会計システム」などのビジネス成功要素が必要になる。

▼スシローのビジネス成功要素として考えられること

- スマホや店舗での店舗予約システム
- 操作しやすいタッチパネル式注文システム
- 最速到着すしレーンシステム
- 持ち帰りすし予約システム
- 自動会計システム　など

エクボクロークとスシローの事例は、顧客価値とビジネスの仕掛けの関係を示す一例にすぎない。日本や海外のDX事例はほかにもたくさんある。読者の皆さんが考えるDX事例をピックアップして、顧客価値とビジネス成功要素が何かを考えてほしい。

顧客価値創造に慣れていない

ＤＸの成功事例の多くは顧客価値を明らかにして、その手段を考え、実装することで実現されるが、残念なことに多くの日本企業は価値創造が苦手だと筆者は考える。長い間、ビジネスモデルを変えてこなかったことが理由である。新たな価値を創り慣れていないのだ。

企業にとっての価値創造とは、営業のような直接部門でいえば、商品やサービスを通じて客に新しい価値を提供すること（顧客価値）であり、人事や総務などの間接部門でいえば、日々の仕事の作業効率を良くするために、社員に価値（従業員価値）を提供することなどが該当する。価値を創造するためにはさまざまな要素が必要だが、なかでも重要なのがビジネスの仕掛けである。価値創造はビジネスの仕掛けをうまく使えるほど有利であり、これらの知識が蓄積されていない企業ほどＤＸを進めにくい。

顧客価値を創造するためのビジネスの仕掛け

これまで説明した通り、ビジネスの仕掛けは、ビジネスモデルやマーケティング、消費者行動と価値の変化（モノ消費➡コト消費など）などビジネスに影響を与える要素であり、新しいビジネスを生み出し、実現させる手段である。すぐに思いつくものでは地域限定ビジネスをする企業が全国に商圏を広げるために使う商談や受注の「オンライン化」がある。ここまでに登場した「プラットフォーム」「シェアリング」「クラウドファンディング」「顧客ロイヤルティープログラム」などもそうだ。

顧客価値やビジネスの仕掛けが重要になったのは、消費者や顧客の消費行動が変わり、これに応じて世界のビジネスも変化したからだ。このような変化に伴い、データ、デジタル、ビジネスの仕掛けを使ってビジネスや経営を改革する必要が生じた。DXである。

世の中が変わったので知識・スキルのアップデート＝リスキリングが必要

関係ないと思ってはならない。DXが注目されているのは、世界的なビジネス変革の流れを受けているからだ。世界規模の企業がデジタルを使った商品やサービスを開発し日本に提供している。多くの日本人が購入あるいは利用するようになっており、対抗できない国内企業がディスラプトされかねない状況になっている。

これを可能にしたのが、ビジネスの仕掛けであり、対抗するために自社のビジネスをビジネスの仕掛けで変革せざるを得ない。背景にあるのは、インターネットの普及によって、商品サービス選定の幅が増え「自分が欲しいと思う商品やサービスは国を越えて買う、使う」という消費者の行動変容だ。具体的には次の5つである。

▼新しい知識やスキルが必要となった要因

- ビジネス環境が作り手志向➡消費者志向に変化
- 商品・サービスが単体機能価値➡総合体験価値に変化
- 商品・サービス作りが企業内完結➡消費者参加型に変化
- 商品・サービス作りが企業単独➡複数企業のシェアードバリューに変化
- マーケティング活動がマス➡SNS・インフルエンサー・コンテンツに変化

ビジネス環境は作り手志向から、消費者志向に変化した。作って店に置けば売れる時代は過去のものになり、現在は消費者が「これが欲しい」「これがいいな」と思う商品やサービスでなければ売れない。

商品・サービスが提供するものは単体機能価値から総合体験価値に変化した。冷蔵庫は冷やすという単体機能価値から「共働き子育て世帯向け用に1週間分の材料から時短メニューを提案する」など、顧客のペインを解消する体験価値が求められるようになってきた。

商品・サービス作りは企業内完結から消費者参加型に変化し、工事作業服などを企画製造販売していたワークマンは消費者の声を取り入れた商品開発を進め、新型店舗の「ワークマンプラス」でアウトドア愛好者などの高機能服を好む新しい顧客の取り込みに成功した。商品・サービス作りでは、企業単独から複数企業のシェアードバリュー（利益シェア型）への変化も進む。

さらにマーケティング活動はマス広告からSNS・インフルエンサー・コンテンツに変化している。インターネットが普及し、消費者自身が情報を提供するようになった。販売することを目的としない消費者の情報は同じ消費者にとって信頼でき、価値の高いものとなるため、このような変化が起きている。

DXや新しい時代のビジネスには、新しい知識、スキルが求められ、人材をアップデートさせるリスキリングが必要になる。DXを担う人材にはデータリテラシー、デジタルリテラシー、ビジネスリテラシーの3つが求められるが、特に重要なのはビジネスリテラシーである。DX人材の育成にはビジネスの仕掛けの理解が欠かせない。

ビジネスの4分類と17のビジネスの仕掛け

ビジネスの仕掛けとはどのようなものなのか。筆者は世界のDX、デジタルビジネスの事例を130社以上調査し、ビジネスの特徴、強みからデジタル集客系・マッチング・マーケットプレイス、デジタル商材系、リアルビジネス＋デジタル、リアルビジネスの4つに分類して説明している。

4分類は、それぞれが全く異なるわけではない。ビジネスモデルやよく使われるビジネスの仕掛けに重複する部分もある。

デジタル集客系・マッチング・マーケットプレイスとデジタル商材系には米国のＩＴ企業が、リアルビジネス＋デジタルとリアルビジネスには日本の従来型の企業が多い。4分類に沿っていうなら、筆者はリアルビジネスを行う日本の多くの事業会社は、まずリアルビジネスの事例を参考にするのがいいと考える。それがデジタルを生かす基本になるからだ。

そのうえでデジタル集客系・マッチング・マーケットプレイスやデジタル商材系の企業の商品・サービスをリアルビジネスに組み合わせたリアルビジネス＋デジタルを参考にしてほしい。

リアルビジネス＋デジタルの好例は小松製作所（コマツ）の建設業界向けＩｏＴプラットフォームである「LANDLOG（ランドログ）」だ。建設機械メーカーのコマツは、リアルビジネスを手がけるグローバル企業だが、同時にランドログはデジタル集客系・マッチング・マーケットプレイスやデジタル商材系の要素を持つ。まさにリアルビジネスにデジタル集客系・マッチング・マーケットプレイスやデジタル商材系の企業の商品・サービスを組み合わせたものである。

ＤＸ人材は、自社の事業、商品、サービスを強くするために、ＤＸ、デジタルビジネスの4分類を理解する必要がある。それぞれの内容と主にどういったビジネスの仕掛けがかかわるのかを以下で説明する。

DX、デジタルビジネスの4分類

分類	デジタル集客系・マッチング・マーケットプレイス	デジタル商材系
主な企業名	アマゾン・ドット・コム、ツイッター、メタ、メルカリ（C2C）、食べチョク（生産者と消費者のマッチング）、マクアケ（クラウドファンディング）など	マイクロソフト（Teams、Microsoft365などのコミュニケーションツール）、スポティファイ（音楽配信サービス）、ドロップボックス（クラウドストレージ）、ユーザベース（ビジネス記事配信サービス）など
主に使われるビジネスの仕掛け	① オンライン化 ② オンラインマッチング ③ プラットフォーム ④ ネットワーク効果 ⑤ クラウドファンディング（サービス提供側） ⑥ コンテンツマーケティング ⑦ ファンマーケティング ⑧ プロセス体験型消費×SNSマーケティング ⑨ 体験型消費×お試しマーケティング ⑩ 顧客ロイヤルティープログラム ⑬ プロシューマー ⑭ シェアリング（サービス提供側）	① オンライン化 ④ ネットワーク効果 ⑥ コンテンツマーケティング ⑦ ファンマーケティング ⑧ プロセス体験型消費×SNSマーケティング ⑨ 体験型消費×お試しマーケティング ⑩ 顧客ロイヤルティープログラム ⑬ プロシューマー

分類	リアルビジネス+デジタル	リアルビジネス
主な企業名	キリン（ビール）、コマツ（建設機械）、ナイキ、アディダス、福岡銀行（iBank）、住友生命など	ファーストリテイリング（ユニクロ）、ジンズ（眼鏡）、モンベル（アウトドア用品）、スシロー（回転すし）、マクドナルド、スターバックス、トラスコ中山（機械工具卸）など
主に使われるビジネスの仕掛け	① オンライン化 ② オンラインマッチング ③ プラットフォーム ④ ネットワーク効果 ⑤ クラウドファンディング（サービス利用側） ⑥ コンテンツマーケティング ⑦ ファンマーケティング ⑧ プロセス体験型消費×SNSマーケティング ⑨ 体験型消費×お試しマーケティング ⑩ 顧客ロイヤルティープログラム ⑪ D2C ⑫ D2Cサブスク ⑬ プロシューマー ⑭ シェアリング（サービス利用側） ⑮ シェアリング×データ ⑯ IoTビジネス ⑰ 既存資産転用	① オンライン化 ⑤ クラウドファンディング（サービス利用側） ⑥ コンテンツマーケティング ⑦ ファンマーケティング ⑧ プロセス体験型消費×SNSマーケティング ⑨ 体験型消費×お試しマーケティング ⑩ 顧客ロイヤルティープログラム ⑬ プロシューマー ⑭ シェアリング（サービス利用側） ⑮ シェアリング×データ ⑯ IoTビジネス ⑰ 既存資産転用

出所：筆者

デジタル集客系・マッチング・マーケットプレイス

デジタル集客系・マッチング・マーケットプレイスに分類されるのは、デジタルによって人を集客して広告で収益を上げるモデルや、人と人や人と商品、サービスを結び付けて手数料を得るマッチングモデルを採用する企業群である。米国でいえばアマゾン・ドット・コム、ツイッター、インスタグラムやフェイスブックを運営するメタが、日本ではメルカリ（C2C）、マクアケ（クラウドファンディング＝企業や人同士のマッチング）、食べチョク（生産者と消費者のマッチング）を運営するビビッドガーデンなどが属する。これらの企業は、主に次のビジネスの仕掛けを用いて事業を展開する。

▼デジタル集客系・マッチング・マーケットプレイスで主に用いられるビジネスの仕掛け

①オンライン化
②オンラインマッチング
③プラットフォーム
④ネットワーク効果
⑤クラウドファンディング（サービス提供側）
⑥コンテンツマーケティング
⑦ファンマーケティング
⑧プロセス体験型消費×SNSマーケティング
⑨体験型消費×お試しマーケティング
⑩顧客ロイヤルティープログラム

⑬ プロシューマー
⑭ シェアリング（サービス提供側）

デジタル商材系

デジタル商材を販売して収益を上げる企業群がここに属する。デジタル集客系・マッチング・マーケットプレイスの企業群とは異なり、デジタル商材を売って収益を上げるビジネスモデルを採用する。海外ではTeams（コミュニケーションツール）でも好調なマイクロソフト、スポティファイ（音楽配信サービス）、ドロップボックス（クラウドストレージ）、国内では「NewsPicks」（ビジネス記事配信サービス）を手がけるユーザベースなどの企業が属する。これらの企業は、主に次のビジネスの仕掛けを用いて事業を展開する。

▼デジタル商材系で主に用いられるビジネスの仕掛け

① オンライン化
④ ネットワーク効果
⑥ コンテンツマーケティング
⑦ ファンマーケティング
⑧ プロセス体験型消費×SNSマーケティング
⑨ 体験型消費×お試しマーケティング
⑩ 顧客ロイヤルティープログラム
⑬ プロシューマー

リアルビジネス＋デジタル

リアルビジネスとデジタルビジネスの両輪で収益を拡大する企業群がここに属する。製造業が消費者向けにダイレクト販売したり、製造業がプラットフォームを形成したりするケースが該当する。筆者がすぐに思いつくのは、キリン（ビール）、コマツ（建設機械）、福岡銀行（iBank）、ナイキ、アディダスなどの企業だ。筆者の所属する住友生命（Vitality）もこのカテゴリーに入る。リアルビジネスに加え、デジタル集客系・マッチング・マーケットプレイスの特徴を併せ持つため、全てのビジネスの仕掛けを用いて事業を展開する。

▼リアルビジネス＋デジタルで主に用いられるビジネスの仕掛け

① オンライン化
② オンラインマッチング
③ プラットフォーム
④ ネットワーク効果
⑤ クラウドファンディング（サービス利用側）
⑥ コンテンツマーケティング
⑦ ファンマーケティング
⑧ プロセス体験型消費×SNSマーケティング
⑨ 体験型消費×お試しマーケティング
⑩ 顧客ロイヤルティープログラム
⑪ D2C

⑫ D2Cサブスク
⑬ プロシューマー
⑭ シェアリング（サービス利用側）
⑮ シェアリング×データ
⑯ IoTビジネス
⑰ 既存資産転用

リアルビジネス

特徴的で競争力の高い業態でリアルビジネスを手がける企業群が属する。製造業、サービス業、小売業では店舗で商品やサービスを提供する企業が多く、製造工程をデジタル化したり、流通工程をデジタル化で効率化したり、店舗での接客価値をデジタルで高度化したりするケースが多い。筆者が想定している企業は、ファーストリテイリング（ユニクロ）、ジンズ（眼鏡）、モンベル（アウトドア用品）、スシロー（回転すし）、トラスコ中山（機械工具卸）、マクドナルド、スターバックスなどである。主に以下のビジネスの仕掛けを用いて事業を展開する。

▼リアルビジネスで主に用いられるビジネスの仕掛け

① オンライン化
⑤ クラウドファンディング（サービス利用側）
⑥ コンテンツマーケティング
⑦ ファンマーケティング
⑧ プロセス体験型消費×SNSマーケティング

⑨ 体験型消費×お試しマーケティング
⑩ 顧客ロイヤルティープログラム
⑬ プロシューマー
⑭ シェアリング（サービス利用側）
⑮ シェアリング×データ
⑯ IoTビジネス
⑰ 既存資産転用

第2部では17のビジネスの仕掛けを具体的に紹介し、詳細な考え方や事例、成功のためのチェックリストを紹介する。

リスキリングでDX人材の育成者に

このコラムでは、レガシーシステムを担当していたエンジニアがある日突然DXプロジェクトの企画・推進担当にアサインされ、最終的にDX人材育成の企画・運営担当者になるまでのリスキリングの実体験を簡単に紹介する。DXプロジェクトの担当になった人に、何から始めてどうリスキリングをしていくべきかのヒントになれば幸いである。

ある日突然の配置転換

私は住友生命のシステム子会社に入社し、10年以上メインフレーム（汎用機）のアプリケーション開発に従事し、生命保険（個人保険）の開発・保守を担当していた。プロジェクトマネジャーとして大型プロジェクトの担当も任せてもらい、部署内ではそれなりのポジションを築いていた。

2019年4月、DXプロジェクトの企画・推進担当への異動辞令が出た。当時は大型プロジェクトの開発途中であり、ローンチに向けて追い込みの最中だったので寝耳に水だ。戸惑いもあったが、DXプロジェクトの立ち上げメンバーに選ばれた筆者は、何も分からないプロジェクトへの不安とこれまでの経験への自信が入り交じるなか、新たな第一歩を踏み出す。

だが筆者は第一歩を踏み外した。長年培ってきた経験・技術が全く役に立たなかったのである。レガシーシステムの開発では、先人たちが残した膨大な英知を結集した標準化ルール、マニュアルに沿って、ユーザー部門である住友生命の要望に忠実に答えることが要求される。

DXプロジェクトは性質が異なる。漠然とした目標に向かってビジネスをつくり上げていく必要があった。何かをしようにも正解が分からない、誰も答えを持っていない、何をするかも定まっていない、の三重奏だ。社会人生活で経験したことのない絶望感・不安感を覚えた。

絶望からの一筋の光明

大きな要因の1つが用語の壁である。社内会議やベンダーとの打ち合わせに参加する日々を送っていたが、出てくる用語が分からない。用語が分からないまま議題がどんどん進んでいく。何が分からないのかも分からない。先行きを考えると絶望的だった。

状況を打開しようとしてまずDXとは何かを調べたが、2019年当時はDXという言葉の定義すらあいまいだ。出たばかりで話題になっていた経済産業省の「DXレポート」に飛びついた。だが、「2025年に人材不足により崖を迎える」「新しい技術を使って新たなビジネスモデルへの変革が必要である」「既存システムがビジネスモデル変革の足かせとなるため、新システムの刷新が必要である」といった内容が出てくるものの、求めている情報なのかどうか分からない、手応えはなかった。

ふと新人の頃、仕事の進め方が全く分からない時に受けた先輩からのアドバイスを思い出した。

「分からないときは全部一度に解決しようとするのではなく、今分からないことから調べればいい。分かることが増えれば、分かる範囲が広がり少しずつ分かるようになる」

長い社会人生活で分からないという感覚が減って、なんとなくなんでも解決できるのだと勘違いしていた自分が分からない状態に戻っただけだと気づけたのは大きかった。これがきっかけとなって、過去の経験・知識にとらわれることなく、開き直って前に進むことができた。

興味から始まる行動変容

まず用語の克服である。分からないなら調べればいい、聞けばいいと思って行動するようにした。幸い会議にはPCを持ち込めるので必要に応じてネットで検索ができた。失敗したらまた別の方法を考えればいいと思い、次の日から行動に移した。

この行動がハマったのである。半分理解できれば、と思っていた会議が用語を調べながら参加するだけで、一定の内容を理解できるようになったのだ。

調べることで解決の糸口が見つかると、いろいろなことに興味を持つようになった。ネットニュースで何気なく飛び込んでくる用語や過去のプロジェクトの資料などを見て気になることはその場で調べる。調べていくうちにその用語を使った事例を自然と目にするようになり、どのような使い方が正解で、どのような使い方だと失敗するかが頭に入ってきた。

DXプロジェクトにアサインされてから数カ月が経過する頃には、ベンダーから提案される内容のよしあしが分かるようになってきた。興味から生じた行動がリスキリングにつながったのを実感したのである。

DXを教える側へ

ビジネスとITの両方の知識を求められるDXは要件定義が難しい。エンジニアはビジネス知識が、現場の業務部門はITが弱い。ITの習得には相応の時間を要するため、住友生命グループでは、エンジニアがユーザーに歩み寄り、ビジネスを一緒に発想するのが近道だと考える。このコンセプトを受けて、2019年6月からグループ内ではエンジニア向けにビジネス発想力を醸成するDX人材の育成研修をスタートした。

社内で手づくりしたものだが、実は筆者の声を研修カリキュラムに取り込んでもらっている。筆者と同じように、エンジニアは最初に用語の壁にぶつかり、事例を知らないとビジネス発想はできないと思ったので、カリキュラム策定の際に提言した。

２０１９年から３年以上経過した現在、６００人以上が研修を受講している。最初の半年は運営中心にかかわっていたが、以降は一部の研修講師を担当するようになり、受講者にコメントする立場になった。カリキュラム自体は同じ内容だが、グループワークの内容は研修対象の企業・職種によっても変わるため、毎回新たな発見がある。

ＤＸを考える際にはビジネス・ＩＴ双方のトレンドを知る必要がある。新しいことに興味を示すことから、行動変容できた筆者にとって、研修は新たな学びの場でもある。現在はさまざまな企業、団体から研修の依頼を受けることが増え、再びいや以前にも増して充実した日々を送れるようになっている。

第2部

17のビジネスの仕掛けを学ぶ

第2章

オンライン化／オンラインマッチング／プラットフォーム／ネットワーク効果／クラウドファンディング

第2部では、4つの章に分けて具体的に17のビジネスの仕掛けについて解説する。それぞれについてポイントをつかむための簡単な事例や、成功するためのポイントをまとめたチェックリスト、想定される実際の活用例を示している。これらを読むことで確実に理解が深まる。順番に読む必要はないので、興味を引いたところから読んでもらって構わない。

本章では主にデジタル集客系・マッチング・マーケットプレイスやリアルビジネス＋デジタルに関連する5つを取り上げる。具体的には、オンライン化、オンラインマッチング、プラットフォーム、ネットワーク効果、クラウドファンディングである。

❶ オンライン化

オンライン化とは、人手でこなしていた業務処理をシステム、ネットワーク、データの各要素をリアルタイムにつないで、場所や時間の制約を受けずに完結させることを指す。

オンライン化によって、広告を受け取る消費者、見込み客、注文客などの消費者やお客などが自ら業務の一部を処理するようになる。事業者では、営業担当者、製造担当者、経理担当者、出荷担当者、物流担当者、店舗担当者、カスタマーサービス担当者などが該当し、関係者による業務処理とデータをシステムでリアルタイムにつなぐことで、商圏を拡大したり、営業担当者などの能力を均等に維持したりする効果を持つビジネスの仕掛けである。

人手によって事務所で紙と電話、ファクシミリで処理していたような業務（営業、受注、在庫管理、物流、小売りなど）をオンラインでつなぐことで実現する効率化と顧客体験価値向上が目的である。

経済産業省のDXレポートは、企業が最初に着手すべき事項としてオンライン化があり、オンラインミーティングツールを使った遠隔商談やSaaS（ソフトウエア・アズ・ア・サービス＝利用型システム）による日報電子化などの導入を推奨している。

同省がオンライン化を推奨している理由は、比較的容易に、つまり時間とコストをあまりかけずにデジタル化ができる可能性があるからだ。効果も出しやすい。筆者の知る中堅企業は営業にオンラインミーティングを使うことで営業担当者の移動・待機時間を劇的に減らし、営業活動の時間を6割近く増加させたという。

「オンラインミーティングはどの会社でもやっているけど、あまりうまくいかないし大した意味もない」と言う人がいるが、あなどってはならない。徹底的にオンライン化したサービスがオンライン化に消極的だった巨大な事業をディスラプトするケースがあるからだ。どんな例が考えられるのか。実際にあったケースを抽象化し、ポイントを分かりやすくまとめたもので紹介する。

講師が足りない学習塾がスマホ予備校へ

ある文教地区に、「教え方がうまく成績が上がる」と人気の学習塾があった。この塾では経営者の塾長と数人の優秀な講師で教えていた。あるとき、近所に大手の予備校チェーンが進出し、講師を引き抜いたので、そちらに受講生が流れ、経営が厳しくなった。

塾長は新しい講師を雇い入れて対抗したが、予備校チェーンはもっと多くの講師を採用したので、塾の受講生は増えなかった。困った塾長は、どうすればいいかを残った講師に相談した。聞いた相手は2人、1人はベテランの講師のAさん、もう1人は理系大学生講師のBさんだった。

Aさんは聞かれるやいなや「塾の事業は講師の質が全てなので、優秀な講師を雇うしかない。お金はかかるがその分、月謝を上げたり、受講生を増やしたりして経営を安定させることが重要である」と言った。

Bさんは少し考え「優秀な講師の授業をリアルでネット配信したり、録画した動画を配信したりすればいい。講師を増やす必要がないし、新しい教室もいらないので、コストもかからない。月謝を上げるどころか下げることができるし、ネットなので全国の受講生を相手にできる」と言った。

塾長が採用したのはBさんの提案した授業のネット配信だった。Bさんが考えたビジネスは「スマホ予備校」と呼ばれ、良い講師が少ない地方の受講生に歓迎され、料金が安いので親にも喜ばれ、データによる成績の見える化などの効果が多くの関係者に評価され、オンライン教育の主力になったという。

大手予備校チェーンはこのモデルに追随できなかった。抱えた多くの講師や利便性が高い駅前の教室自体が価値だったので、低価格のオンライン教育への参入は、自己破壊となる「イノベーションのジレンマ」だったからだ。この予備校チェーンはその後、姿を消すことになった。

オンライン化は適用範囲が広く、簡単な業務効率化から、競合大手をディスラプトする強力なビジネスモデルに発展させられる可能性を持つ。オンライン化の深く、面白いところだ。筆者は「オンライン化はあなどってはいけない」と常々主張している。

オンライン化の成功要素

では、どのように、オンライン化を使って自社のビジネスで成功ケースを作ればいいだろうか。漠然と考えても答えは出てこない。成功するためのポイントをまとめたチェックリストを作成した。これを使うことで、成功の可能性が高いオンライン化を考えることができる。

チェックリストに沿って考えてみよう。規模が小さいコンサルティング会社などは、コンサルタントも少なく、オフィス（拠点）も少なく、ある地域に商圏が限定されていることが多いが、オンライン化で解決できる可能性がある。

オンライン化して、見込み客を探す、商談をする、コンサルティングする、カード決済で料金を受け取る、顧客とのコンサルティング状況を個人情報の配慮をしたうえで、動画コンテンツにして全国の顧客に視聴してもらう、視聴データも顧客に提供するなどの方法で効率的なビジネスが可能になる。

オンライン化のチェックリスト　　出所：筆者

チェック項目	内容
① 全国の客を相手に拡大できるビジネスであること	地域限定ビジネスではなく、全国の客を相手に広くビジネスが展開できる
② オンラインで価値を提供できること	文字、会議ツール、動画、静止画、双方向の会話などによるオンラインコミュニケーションで、リアルでなくても顧客価値を提供できる
③ 差別化できる特徴のある商品、サービスであること	リアルでなく、オンラインで提供しても選ばれるだけの差別化された価値、オンリーワンの強みがある
④ オンラインだけで完結できること	料金の支払いなどが、オンラインで完了し、面倒なリアルの手続きがない
⑤ データが取得でき、価値提供に利用できること	データを取得しやすく、そのデータを使って価値が提供できる

保険会社のオンライン化の活用

オンライン化は、デジタル集客系・マッチング・マーケットプレイスとリアルビジネス＋デジタルに限らず、DXのさまざまな局面で機能する。B2C（対個人客ビジネス）や、デジタル化しても価値が落ちない商材（動画、映像、教育、コンサルティング、相談など）がそうだ。ネット直販への進出はもちろんで、D2C（ダイレクト・ツー・コンシューマー、直接販売）で効果を発揮するケースが多い。

現実にはこんな活用例がある。

ある保険会社は、営業担当者がリアルで保険を販売しているが、顧客拡大のために、デジタルで完結して健康活動をサポートするサービスプログラムをスマホで提供している。オンライン化した健康サポートプログラムを営業担当者がリアルで販売するだけでなく、オンライン化で全国に広げた。

オンライン化で、健康プログラムを営業担当者の数を超えて広げるだけでなく、利用者同士のコミュニティーを生み出し、顧客が顧客を呼ぶ後述の「ネットワーク効果」の発生を目指した戦略を取っている。

▼保険会社のオンライン化の活用例

健康プログラムの実施⬇
スマホでも提供し全国にデジタルで拡大⬇
顧客が顧客を呼ぶネットワーク効果

このケースの生命保険会社は健康プログラムをスタートさせたが、どんな業種の企業であれオンライン化をうまく使えば、自社の社員やオフィスを増やすことなく、新しい商材を新規客に届け、顧客拡大を通じたネットワーク効果によって高い価値を生み出せる可能性がある。

❷オンラインマッチング

マッチングとは一般に、お客同士や、お客と商材、お客と業者、業者同士などを第三者がつなげ、対価として金銭（手数料）やその他の報酬を受け取るビジネスの仕掛けである。これをオンライン化したものがオンラインマッチングだ。以下を読んで具体的なイメージをつかんでほしい。

あなたはコロナ禍で長く同じ姿勢で座っている時間が増え、腰を痛めた。オンライン会議中に腰をひねった瞬間、激痛が走る。「これではまずい」と思ったが後の祭りだ。このときから立って体の向きを変えるのにも、ひどく時間がかかるようになってしまった。

あなたはネットで治療法を探し、「急な腰痛で困ったら」というサイトを見つける。良い医者やマッサージ店が紹介されている。全ての情報を読むには会員登録が必要だが、早く探したいので苦にならない。探した最高ランクのマッサージ店にタクシーで20分かけて行って施術を受ける。お客を得たマッサージ店はお客を送り込んできたサイト（マッチングサイト）に送客手数料を払う。これが顧客から見たオンラインマッチングの事例である。

マッチングという言葉から、何をイメージするだろうか。アパートやマンションの紹介サイト、レストランの紹介サイト、ホテルや旅館の予約サイト、就職情報サイト、転職紹介サイトなど、マッチングサイトは枚挙にいとまがない。マッチングは昔から商取引の基本で、リアルでの代表例に町の不動産の仲介がある。

リアルの場合には商圏が限定され、商いが大きくならないという制約があった。これをオンライン化が変える。同様にネットによって商圏の制約が外れたものには、C2C（個人間取引）のオークションサイトやスキル販売などがある。オンライン化で全国を商圏とするマッチングサイトはビジネスとして巨大化した。

オンラインマッチングというビジネスの仕掛けを成功させるには、「人に商材を売るのが商売である」という考えだけではなく、「ニーズのある人とそのニーズを満たせる人や商材をマッチングすることで対価を得ることも商売である」という認識を持たなくてはならない。実際にあったケースを抽象化し、ポイントを分かりやすくまとめたもので紹介する。

町の電器店がエアコンクリーニングの紹介サイトで再生

ある町に家電製品を売ったり、修理したりしている会社があった。以前は近所に家電製品が売れていたが、家電量販店やECサイトにお客を奪われ、現在では家電の修理やエアコンのクリーニングで細々と収入を得る日々である。

この状況で、社長が息子に代替わりした。新社長はこのままでは先がないと考え、副業で新しいビジネスを始めたが、どれもうまくいかなかった。困った新社長は、どうすればいいかを知り合いに考えてもらうことにした。話を聞いたのは2人。1人は大学時代の友人で、ネット販売会社で働くAさん、もう1人は親戚でマンションの管理人をしているBさんだった。Aさんは聞かれるやいなや「ネットで売らないとお客が近所に限定される。ネットでお客を集め、安く家電を売るべきだ」と主張した。

Bさんは「マンションではエアコンの掃除を誰に頼めばいいのかを皆が聞きにくる。マンションの住人とエアコンクリーニングの業者をマッチングするビジネスをネットで始めたらどうか。エアコンの数は多いので、自社だけでは数がこなせない。お客とエアコンクリーニング業者とのマッチングに徹して手数料を取るべきだ」と主張した。

社長が採用したのはBさんの提案だった。Bさんが考えた「エアコンクリーニング業者紹介サイト」は、エアコンをクリーニングしたい人が安心して業者を探せるサイトとして、エアコンクリーニングを望むお客にも、エアコンクリーニングを手がける業者にも感謝され、新社長はエアコンクリーニングのマッチングビジネスで会社を大きくしたという。

ニーズを持ったお客がいれば、「ニーズを満たす自社の商材を提供したい」と思うのが事業者の常である。しかし、これでは自社の事業能力以上にビジネスは拡大しない。ニーズがある人とそのニーズを満たす商材提供者をマッチングして対価を受け取るようにすればビジネスを拡大できる。

オンラインマッチングの成功要素

では、どのように、オンラインマッチングを使って自社のビジネスで成功ケースを作ればいいだろうか。成功するためのポイントをまとめたチェックリスト（次ページ）を作成した。これを使うことで、成功の可能性が高いオンラインマッチングを考えることができる。

チェックリストに沿って考えてみよう。売り手と買い手をつないで対価をもらうオンラインマッチングには物理的な距離の制約がない。

安心して繰り返し使いたいと思わせる、この仕掛けに向く商材やサービスを選べば、大規模な手数料ビジネスが実現できる。現実にはこんな活用例が考えられる。

リサイクルビジネスのオンラインマッチングの活用

ある会社がリアル店舗で中古品の販売と買い取りを手がけていた。いわゆるリサイクルビジネスだ。近所の住人はこれを歓迎した。自分が使わなくなった不用品を売ってお金に換えられるうえに、中古品を安く購入できたからだ。最初は流行ったが、次第にお客が減っていった。思ったほど高い価格で売れないし、価格が高いと感じるお客が増えていったからだ。

これに着目した起業家がいた。中古品のマッチングニーズは高い。売れないのは価格と商圏の規模に問題があるからで、これら2つを解決できれば、成功できると考えたのだ。

起業家は会社を作って、中古品を売りたい個人と買いたい個人をオンラインでマッチングするビジネスを始めた。安心して利用できるように売り手と買い手の双方にレーティングを導入して個人間の売買の品質を見える化したほか、料金の収納代行などにも乗り出した。その結果、オンラインマッチングのビジネスはリアルの中古ショップをディスラプトした。

オンラインマッチングのチェックリスト

出所：筆者

チェック項目	内容
① マッチングが成り立つ要素や市場があること	商品やサービスの受け手と出し手がおり、既存市場がある。または新市場ができると考えられる
② 市場が広範囲であること	全国的に市場がありオンラインのメリットを生かせる
③ 商品やサービスの受け手（利用者）が情報を持っていない商品やサービスであること	購買頻度の低い商材やサービスなどで、利用者に知識やノウハウがない（腰を痛めた場合の情報、対処、介護関連の情報、商品、初めての子育て関連商品や情報　など）
④ 利用者が安心して使える工夫があること	利用者の評価（レーティング）がある、利用者からのレコメンドや体験談がある　など
⑤ 利用者が繰り返し使いたいと思う工夫があること	利用回数に応じてポイントがたまり、これに応じて割引が受けられる　など

▼リサイクルビジネスのオンラインマッチングの活用

地域限定でない全国規模の個人間マッチング⬇
信用を高めるレーティングを導入⬇
売り買いするお客の安心感を醸成⬇
取引の活性化

この事例は全国規模の個人間取引のケースであるが、オンラインマッチングで実現できるビジネスは多岐にわたり、持続的な成長をもたらす原動力になり得る。適用範囲が広く、成功の可能性の高いビジネスの仕掛けである。

❸ プラットフォーム

多数の参加者（買い手、売り手、情報の参照者、情報の提供者）が自らビジネスやコミュニティーを形成することで大きな価値をもたらす基盤（商品やサービスがやりとりされる場所や機能など）を「プラットフォーム」と呼ぶ。プラットフォーム上でやりとりされる商材やコンテンツが増えるほど価値が高まる。

価値が高まるにつれ、さらに参加者が集まり、商材やコンテンツのエコシステムが増え、お客と商材、コンテンツの数が増す。プラットフォームとプラットフォーム型ビジネスについては第1部にも記した。

プラットフォームでは、何よりも、「どうすればプラットフォームが作れるか」という本質の理解が重要だ。実際にあったケースを抽象化し、ポイントを分かりやすくまとめたもので紹介する。

ネットショップから中古本のプラットフォームへ

ある所に、本好きな人がいた。自分が読まなくなった本を他の人にも読んでほしいと感じ、読み終わったら売りたいと考えるようになった。しかし、古本屋の買い取り価格に納得がいかず、自分で古本のネットショップを作った。

ネットショップで本はよく売れた。内容をうまくPRできたからだ。本が好きだから買い手に訴求できるPRができ、出せば出すほど売れた。すぐに手持ちの本が売り切れたので、新しい本を買い、読んで売ったが、またすぐ売り切れてしまう。

忙しくなって困った店主は友人に、どうすればいいかのアドバイスをもらうことにした。話を聞いた友人は2人いた。1人はブランドショップでの買い物が好きなAさん、もう1人はフリーマーケットでの買い物が好きなBさんだった。

Aさんは聞かれるやいなや「自分で選んで読んだ本にこそ、他人に売る価値がある。時間をとって、読む量を増やせば、もっと多くの本が売れる。朝から晩まで本を読み続けて、売る本の数を増やすことが必要である」と言った。

Bさんは少し考えて「本が好きな人、PRできる人はたくさんいる。だから、古本を売る人を広く募り、ネットショップで売らせて手数料を得ればいい。売る本の種類が増えれば、買い手も喜ぶ。必要なのはフリーマーケットだ」と言った。

店主が選んだのはBさんの意見だった。以降、このネットショップは、本が安く買えるだけでなく、本の解説や感想を書く人、さらにはこれを楽しみにする読者までが集まる活性化された中古本のプラットフォームと呼ばれ、多くの本が集まり、売り手にも買い手にも人気になったという。

プラットフォームをつくって、プラットフォーム型ビジネスを成功させるためには明確なコンセプト、買い手と売り手双方の参加を促す仕組みなどと並んで、知らなければならないビジネスの仕掛けがある。後述するネットワーク効果である。この言葉を理解していないとプラットフォームのつくり方が分からない。

ネットワーク効果は、ネットワーク外部性とも呼ばれ、ある場所にお客が集まると、そのお客に商品を販売する者が集まり、多くの商品があるからさらにお客が増えるといったスパイラル的規模増幅効果のことである。ネットワーク効果という言葉だけを知っていても意味はない。

プラットフォームの成功要素

では、どのように、プラットフォームを使って自社のビジネスで成功ケースを作ればいいだろうか。成功するためのポイントをまとめたチェックリストを作成した。これを使うことで、成功する可能性が高いプラットホーム型ビジネスを考えることができる。

チェックリストに沿って考えてみよう。最も重要なのは④のネットワーク効果があるかどうかである。ネットワーク効果を引き出すために重要なのは顧客視点で良いものをつくることだ。これが分かっていなけ

プラットフォームのチェックリスト　　出所：筆者

チェック項目	内容
① プラットフォームのコンセプトが明確なこと	プラットフォームが永続する社会的意義、価値がある、メッセージとして伝わる　など
② 買い手の参加があること	商材の買い手が多く参加する仕掛けがある 〈例〉品ぞろえが多い、安い、価値がある、オリジナリティーが高い、分かりやすい　など
③ 売り手の参加があること	商材の売り手が多く参加する仕掛けがある 〈例〉お客が多い、高く売れる、継続的に売れる　など
④ ネットワーク効果があること	お客がお客を呼ぶ、お客が売り手を呼ぶ、売り手が売り手を呼ぶ、売り手がお客を呼ぶ仕掛けがある 〈例〉レコメンド、グループクーポン　など
⑤ データが生かされていること	データなどが継続的に取得でき、データがネットワークや商材の価値、顧客の価値をもたらす仕掛けがある　など

ればプラットフォームはつくれない。

理由は簡単だ。顧客視点で良いものでないと、顧客の体験価値が高まらず、お客が集まってこないからである。売り手である事業者の視点で商品やサービスをつくってもお客には響かず、ネットワーク効果は発生しない。プラットフォームを成功させた経験があるなら全員が知っている基本原理だ。

スポーツ用品メーカーのプラットフォームの活用

プラットフォームでは、ネットワーク効果を発生させることで、「お客（買い手）が事業者（売り手）を呼び、それがまた買い手を呼ぶ」という相乗効果が生まれる。参加した者が互いに体験価値が高め合うことで、マーケットプレイスが活性化する。

もう1つ、顧客間のネットワーク効果もある。ある顧客が商品を利用した感想をSNSなどにコメントすると、これを知った別の顧客がその商品を購入して感想をコメントする。これを見た別の顧客がまた同じ商品を買う。顧客間のネットワーク効果はメーカーがD2Cビジネスを成功させる場合に必要である。

現実にはこんな活用例がある。

ある海外のスポーツ用品メーカーは、D2Cの比率を高めるためにプラットフォーム、ネットワーク効果を活用している。流通からではなく自社サイトでの商品購入を促し、顧客とネットで関係を持つ。顧客同士で新商品のアイデアを出し合い、製造した新商品を自社サイトで買わせる戦略だ。

▼スポーツ用品メーカーのプラットフォームの活用

ネットでの顧客との関係構築を推進⬇
D2Cのプラットフォーム化⬇
感想、レコメンド、新商品アイデアが集客に寄与⬇
お客がお客を呼び、自社サイトで利用が拡大

この事例はスポーツ用品だが、衣料品、登山用品といったモノだけにとどまらず、サービスなどの商材にもプラットフォームやネットワーク効果は生かせる。新規客を増やしたり、新商品のアイデアを得たりするのに有効だからだ。プラットフォームやネットワーク効果は、ECの専売特許ではなく、メーカーや小売り、金融会社など幅広い事業会社で、自社商品やサービスの新規客拡大、既存客の満足度向上に使うことが可能なビジネスの仕掛けだ。

❹ネットワーク効果

前節でも説明したが、重要なビジネスの仕掛けなので、改めて少し表現を変え、ビジネス文脈で使われるネットワーク効果とは何かを説明する。自社で提供する商材やコンテンツ（消費者に価値ある情報）以外の「外部の人や事業者の提供する商材やコンテンツ」が誘因になって、消費者やお客が増え、商材が売れたり、コンテンツが増えたりして、さらに消費者やお客、商品提供事業者が増え、これによってまた……という消費者、お客、事業者のネットワークがスパイラル的に増幅する効果のことである。

外部要因でネットワークが形成されるのでネットワーク外部性とも呼ばれる。どんなときにネットワーク効果が生

じているのだろうか。以下を読んで具体的なイメージをつかんでほしい。

あなたは将来のために英会話を勉強したいと思っている。スマホで「英語　短期間　話せる」と検索したが、結果が多すぎて、どれを選べばいいのかわからない。英語が話せる友人に聞くと「動画サイトがお薦め」と返ってきた。そこで「動画　英語　話せる」でまた検索する。

あなたは「初心者が動画で学ぶ英語」というサイトに注目する。レベル別の学習方法、お薦め動画、オンライン英会話サービスなどがある。体験談やコメントも充実している。

「初心者でも問題なし」「仲間がいると勉強が続く」「安く学べる」など、読むだけでワクワクする。最も気に入ったのは、教材の数の多さと安さだ。会員が自作教材を売っている。

しかも魅力的で会員評価も充実している。☆5つの教材を選びコメントを読む。会員登録が必要だが、1回目は無料で安心と書いてある。あなたは迷わず会員登録する。これが消費者から見たネットワーク効果の事例である。

この例では、会員のコメントが新しい会員を呼び、新たな会員がコメントで他の会員の教材を推奨し、その教材を使った他の会員が☆5つをつけるという循環が、ネットワーク効果が生じている状態である。ネットワーク効果は利用者が多いほど価値が大きくなる。大きな価値で消費者や事業者を引きつけるプラットフォーム型ビジネスには欠かせないビジネスの仕掛けと言える。

プラットフォーム型へ脱皮できれば、どんなビジネスでも大きな成果が期待できる。実際にあったケースを抽象化し、ポイントを分かりやすくまとめたもので紹介する。

自社文具のECサイトが他社商品を扱い世界的存在へ

ある国に自社製の文具を売るECサイトがあった。注文しやすいし、配送も早いというので人気があり事業は順調だったが、利便性の高さゆえ、お客から「文具以外の商品もそろえてほしい」「他社の文具も扱ってほしい」「買った人の感想を知りたい」などの要望が多く寄せられるようになった。

苦慮した社長は、どうするかを社員に考えてもらうことにした。相談した人は2人。1人は営業企画担当のAさん、もう1人はお客相談窓口担当のBさんだ。

Aさんは「競合商品を売るなんてありえない。ライバルを助けてどうするのか。感想も載せてはダメだ。自社商品を悪く言うお客もいるはずだ」と主張した。

Bさんは「競合商品でもお客が求めるなら売ればいい。お客の声が他のお客の役に立つなら載せるべき。自社商品を悪く言うコメントも同様だ」と主張した。

社長が採用したのはBさんの意見だ。このECサイトは自社商品だけでなく、他社も含め、あらゆる商品を取り扱い、商品の評価（レーティング）やレコメンドなどのコンテンツも豊富な「お客志向のECプラットフォーマー」として世界的に有名になったという。

ネットワーク効果の成功要素

では、どのように、ネットワーク効果を使って自社のビジネスで成功ケースを作ればいいだろうか。成功するためのポイントをまとめたチェックリスト（次ページ）を作成した。これを使うことで、成功する可能性が高いネットワーク効果の活用を考えることができる。

チェックリストに沿って考えてみよう。ネットワーク効果で重要なのは、本当に価値がある商材やコンテンツであり、お客を増やすためには「会社の都合でなく、お客の都合を優先する」ことが必要だ。お客が増えなければ、他のお客や事業者も増えない。顧客価値を第一に考えることがネットワーク効果を発生させるコツである。

現実にはこんな活用例が考えられる。

ビジネス記事配信サイトのネットワーク効果の活用

月額課金のサブスクリプションでビジネス記事配信サイトを運営するA社は、知名度も会員数もビジネス雑誌大手B社に先んじられていた。他のビジネス記事配信サイトや新聞社サイトの記事のリンクや自社編集記事を読者に提供していたが、リンクを示すだけでは差別化できない。

自社編集記事を増やしたかったが、抱える記者が少ないうえに、資金にも余裕がないので外部への業務委託にも限界があった。結果、収入は増えず、経営が厳しい状態となった。

困った社長はコンサルタントに相談した。いくつかの手段を紹介さ

ネットワーク効果のチェックリスト

出所：筆者

チェック項目	内容
①お客から見て本当に価値がある商材やコンテンツがあること	事業者の都合ではなく、お客の視点で必要な商材やコンテンツが用意されている
②消費者参加型コミュニティーの要素があること	お客のコメント、お客同士の会話、情報交換、商材の使い方などのコンテンツがアップデートされている
③自社だけでなく、他の事業者の商材やコンテンツも多くあること	• 事業者が多く、商材やコンテンツが多い • 事業者が新規参入しやすい
④参加者（消費者、事業者）の声（ニーズ・ペイン）が生かされている	• アンケートや顧客調査などで商材やコンテンツを見直す • 購入手続きなどのUI・UXを向上させている
⑤データ分析がさらに参加者の価値に貢献していること	購入データ分析によるレコメンド、人気商品、コンテンツのレーティングなどがあり、常にアップデートされている

れ、組み合わせれば会員を増やせる可能性があるという。社長は半信半疑だったが、他に手段もないので信じて実施することにした。すると、本当に会員が増加しサブスク収入が拡大した。

コンサルタントのアドバイスは「記事にコメント欄を設けること、会員に記事の感想や関連する投稿をするとメリットがある制度を作ること、コメントが秀逸で頻繁に投稿している会員を公式コメンテーターとして任命すること、公式コメンテーターをサイトの有名人に仕立てること」というものだった。

▼ビジネス記事購読サイトでのネットワーク効果の活用

サイトにコメントできる仕組みを追加⬇
会員のコメントをコンテンツ化⬇
公式コメンテーターを有名人に⬇
コメント自体に価値を見いだした消費者が会員に⬇
コメントが新たな会員を呼び込む⬇
ネットワーク効果でサイトの価値が向上

お客にとっての価値を自社だけで用意する必要はない。「お客が何を買いたいのか」「お客が何を買ったのか」「使った感想はどうだったか」「どの商品が売れているか」「こんな商品が欲しいという要望」など価値あるコンテンツは無限にある。これを理解すれば、ネットワーク効果の本質が見えてくる。

❺ クラウドファンディング

「クラウドファンディングとは何か、どのような仕組みなのか、どのような人が使うのか、どのような使い方があるのか」と質問されたら、皆さんはどう答えるだろうか。以下のようなものではないだろうか。

> 世の中には多くの課題がある。これを解決したいと思った人やグループがいて、社会の課題を解決できる事業を始めようとしたが、銀行が資金を貸してくれない。そこで世の中の人に自分（たち）のやることを説明して資金を出してもらう。この資金で事業を成功させ、多くの困った人を救った。

特に違和感はないと感じただろうか。「クラウドファンディングは社会課題の解決や人が共感するシナリオと相性が良く、事業会社にはあまり関係ない」と思う人も多いかもしれない。

だがこれは間違いだ。クラウドファンディングは事業会社のビジネスにも有効な手段である。具体的には、企業の事業継続、新規事業の資金調達、会員制予約販売ビジネスなど、さまざまな局面で有効に使える。

クラウドファンディングは、一般に不特定多数の個人から資金提供を受ける資金調達手段である。なかでも購入型と呼ばれるものは資金を返済する必要がなく、商品やサービスを資金の出し手に返すビジネスの仕掛けを指す。

これは、企業や個人が直接、不特定の個人に商品やサービスを販売して代金を受け取るＤ２Ｃの性格を持った商取引とみなすことができる。ただし、通常の商取引と異なり、資金を先に受けてから、商品やサービスを開発して提供することが許容される点に特徴がある。

この特徴を利用すれば、多くの一般客には価値がないが、特定客には人気がある自社資産（モノ・体験型コト消費・

情報商材など）を返礼品として支援金を受けたい場合、例えばコロナ禍で運転資金に困った場合の事業継続などに使える。実際にあったケースを抽象化し、ポイントを分かりやすくまとめたもので紹介する。

ローカル鉄道会社を救ったガラクタ

ある過疎地域に、地域住民が減少して利用者が減り、採算が厳しいローカル鉄道会社があった。歴史が古く、地元には愛されていたが、常に収支はぎりぎりで、親会社の支援を受けて運営されていた。ある時、親会社の業績が悪化して支援が激減することになり、会社継続の危機に直面した。

この状況で鉄道会社の社長は、何とか運賃収入を増やそうと近隣住民に利用促進を依頼したが、乗客は増えなかった。鉄道を使う住民自体が減っていたからだ。困った社長は、どうすればいいかを社外の人に聞いた。聞いたのは2人、1人は経営コンサルタントのAさん、もう1人は鉄道ファンのBさんだ。

Aさんは相談されるやいなや「運賃収入が増えない以上、会社の規模を縮小するしかない。正社員を減らしアルバイトに置き換え、人件費などのコストを抑えることが必要だ。業務品質は落ちるかもしれないが、会社を維持するためには仕方がない」と言った。

Bさんは少し考え「歴史がある鉄道だから、鉄道ファンにとって垂涎《すいぜん》の品があるに違いない。これを支援返礼品として全国の鉄道ファンから金銭的支援を受けてはどうか。倉庫にあるガラクタ扱いのモノクロ写真、昔の制服、古い線路の切れ端など、何でも売ったらいい」と言った。

社長が採用したのはBさんの案だ。以降、Bさんが考えたビジネスは「支援目的のクラウドファンディング活用」と呼ばれ、歴史がありパーパス（存在意義）は共感されるが、ビジネスを変革できずに経営が厳しくなった企業の業務継続のために使われるようになったという。

どのようにクラウドファンディング（支援目的利用）を使って自社のビジネスで成功ケースを作ればいいだろうか。成功するためのポイントをまとめたチェックリストを作成した。これを使うことで、成功の可能性が高いビジネスを考えることができる。

チェックリストに沿って考えてみよう。クラウドファンディングを使えば、自社資産（モノ・コト）から売れるものを探し、それを返礼品として運転資金を得られる。ただし条件がある。目的であれ、商材であれ、体験であれ、支援したいというものがあり、あるいは見つけ、デジタルを通じて伝えられることだ。用途は研究資金、新規商品の開発資金でもいい。考え方は同じである。

焼肉店のクラウドファンディングの活用

クラウドファンディング（購入型）の用途は広く、支援目的以外にも活用できる。例えば、商品やサービス化の予定があるが、どれだけ売れるか分からないので見込み生産ではリスクがあって事業化ができない場合がそうだ。

筆者は予約販売のスキームと呼んでいる。資金力の乏しい企業や、資金はあっても市場があるかどうか分からない分野に新規の商品やサービスの投入を検討

クラウドファンディング（支援目的利用）のチェックリスト 出所：筆者

チェック項目	内容
①支援に足るパーパスや歴史があること	消費者が感動し、支援したくなるパーパスやミッションがあり、それを続けてきた実績がある
②売れるモノ（商材）があること	消費者がファンになり、欲しくなる商品がある
③体験型商材になるものがあること	その会社ならではの体験型コンテンツ（歴史ある建物ツアー、個性的な社員とのコミュニケーションなど）がある
④集客コンテンツが作れること	販売するコト商材やモノ商材を消費者にPRするコンテンツが作れる
⑤デジタルを活用できること	コンテンツサイトや通販サイト、予約サイト、SNSが使える

し、社内が説得できない場合に、あらかじめ買ってくれるお客を探すのに有効な方法である。

現実にはこんな活用例が考えられる。

レストランで料理には自信があるが、集客に自信がなく資金繰りが心配で店を出すことをためらう場合などである。焼肉店をケースに考えると分かりやすい。

焼肉は肉の品質が味に直結する。肉の品質を上げれば味は良くなるが、仕入れ原価が上がって料金を高くせざるを得ず、集客が難しくなる。クラウドファンディング（購入型）で年会費として料金を受け取れるようになれば、状況が一変し得る。クラウドファンディングを通じて一定数の来店客は確保できているので、集客費を下げることができる。集客優先で人の集まる駅前のような家賃の高い場所に出店する必要がなくなり、従来の店舗経営の常識的な水準から経費を抑えられるので、低価格で味の良い肉を提供できる。

▼焼肉店のクラウドファンディング（購入型）の活用

クラウドファンディングで会員募集⬇
先に年間料金を得る⬇
一定数の来店客、売り上げを確保⬇
集客コストと店舗コストを一気に削減⬇
質の高い肉を安く提供する会員制レストラン

焼肉店に限らず、クラウドファンディング（購入型）をうまく使えば、自社の新商品や新サービスの開発で、販売開始に先行して代金と顧客を確保できる。リスクを軽減できる事業会社にとって便利なビジネスの仕掛けである。

コンテンツマーケティング／ファンマーケティング／プロセス体験型消費×SNSマーケティング／体験型消費×お試しマーケティング

第3章は4つの分類全てに関連する4つのビジネスの仕掛けを取り上げる。具体的には、コンテンツマーケティング、ファンマーケティング、プロセス体験型消費×SNSマーケティング、体験型消費×お試しマーケティングである。

❻ コンテンツマーケティング

コンテンツマーケティングは、ターゲットとなる消費者にとって価値ある情報（コンテンツ）を提供し、消費者の共感を醸成しながら、最終的に商品を買ってもらうことを期待するビジネスの仕掛けのことである。以下を読んで具体的なイメージをつかんでほしい。

あなたは知り合いに誘われて山に登ろうとしている。ウエアやリュックは家にあったものを持ってきた。待ち合わせの登山口駅には、カラフルなウエアを着て、しゃれたリュックを背負い、本格的な登山シューズを履いている人が多くて気後れする。

あなたは「場違いなところに来た」と後悔するが、友人は「最初はそんなものだ」と言って頂上を目指す。やっとの思いで頂上にたどり着くと友人はキャンプ用の携帯バーナーを使って手際よくランチを作った。それを見ながら「カッコいいな」と思い、登山に興味を持つ。

帰りの電車の中で「登山　初心者　ウエア」とスマホで検索する。多くのショップの販売サイトが出てくるが、何を買ったらいいのか分からない。

ふと「山好き店長のブログ」というサイトが目にとまった。あなたは、早速アクセスしそのブログを読み始める。書いている山好きの店長は本格的な山登り愛好家のようだが「自分も最初は初心者だった」と書いてある。あなたは少し安心しながら、いくつもの記事を読んでいく。分かりやすくて一気に読めた。自分の疑問を解消させることが書いてある。

家に帰ってからも毎日、このブログを読んだあなたは、新しいウエアや道具で山に登りたくなる気持ちが抑えられない。何を買えばいいかはブログに書いてある。ブログ主が店長をしている登山用品店なら安心だ。あなたはこの店のお薦めのウエアをそろえ、お薦めの道具を買い、お薦めの山に登る。これが消費者から見たコンテンツマーケティングの事例である。

コンテンツマーケティングは商品の売り込み色をなくして、消費者の共感を得ることを重視し、最後に商品を買ってもらうことを期待する方法だ。コンテンツマーケティングと対になるビジネスの仕掛けは「リストマーケティング」

である。これは見込み客リストに対し、販売したい商品を薦める方法で、どうしても売り込み色が強くなる。

実際にあったケースを抽象化し、コンテンツマーケティングのポイントを分かりやすくまとめたもので紹介する。

売り込まないのに共感で売れる住宅メーカー

ある住宅メーカーがあった。堅実に事業を展開していたが、ある時、社長が息子に代替わりした。新社長は他の会社で営業だった経験があり、以前から営業力の弱さを感じていた。後を継いだので、ここぞとばかりに営業力を強化したが、売り上げが増すどころか、先代よりも売り上げが減ってしまった。

困った社長は、家を売る方法を社外の人に考えてもらうことにした。相談した人は2人。1人は大学時代の友人で、大手企業の営業部長のAさん、もう1人は市役所で市民の苦情や不安の相談を受けているBさんだ。

Aさんは「営業は見込み客づくりが重要。家が売れないのは、見込み客が少ないからだ。それを増やすために、営業部員を増やし、家を買おうとしている客を探し、営業メールや電話を増やすことが重要だ」と主張した。

Bさんは「営業は共感が重要。家が売れないのは、共感される情報が少ないからだ。消費者にとっての家の意義、楽しそうな家族の風景、家を持つことで生じる不安を解消できる情報をブログや動画、セミナーを通じて発信することが重要だ」と主張した。

社長が採用したのはBさんのアイデアだ。以降、この住宅メーカーは「売り込まないのに、売れる住宅メーカー」として有名になった。Bさんが考えた方法は「コンテンツマーケティング」と呼ばれ、売り込むことが中心だった販売手法に変わるものとして、世の中に広がったという。

コンテンツマーケティングは、消費者にコンテンツを提供して時系列に反応を把握し、最終的に商品・サービスの販売につなげる手法である。あせって売り込むのではなく、あくまで価値ある情報を与え、消費者に満足してもらうのが優先だ。

コンテンツマーケティングの成功要素

では、どのように、コンテンツマーケティングを使って自社のビジネスで成功ケースを作ればいいだろうか。成功するためのポイントをまとめたチェックリストを作成した。これを使うことで、成功の可能性が高いコンテンツマーケティングを考えることができる。

チェックリストに沿って考えてみよう。コンテンツマーケティングを成功させるためには、言うまでもなく人を引き付けるコンテンツが必要になる。価値の内容を示すコンテンツはもちろん、パーパスにも関心は集まる。さらにナーチャリング（価値を与えることで購買意欲を高めていく手法）などの要素を組み込むことで成功の確率が高まる。

現実にはこんな活用例が考えられる。

コンテンツマーケティングのチェックリスト　出所：筆者

チェック項目	内容
①パーパスがあること、ブランドにストーリー性があること	• 企業のパーパスに共感できる • ブランドに歴史があり、社会性、価値性が高い • 消費者や顧客本位で商品やサービスづくりをしている
②製品・サービスにしっかりとした価値や品質があること	• しっかりした品質がある • 製品やサービスの信頼性が高い • 差別化できる特長がある
③消費者に価値のある情報になっていること	• 売り込むための情報ではなく、ターゲット消費者に本当に価値のある情報である（困りごとの解消、興味あることの深掘り、専門家の意見　など）
④情報を受ける消費者の知識・経験の成長に応じたコンテンツにしていること	• 初心者の知りたい情報➡中級者の欲しい情報➡上級者が好む情報など、ターゲット消費者の知識・経験の成長に合わせたコンテンツを提供する
⑤コンテンツによる接触をデータ管理してマーケティングの精度を上げていること	• ④を実現するために、接触情報をシステムで管理し、データ分析して、デジタルマーケティングをする

教育教材販売会社のコンテンツマーケティングの活用

教育教材の販売会社A社は、営業担当者を使って企業向けに商品を販売していた。教育効果が高いと定評があったが、規模が小さく営業担当者の数も少なかったため、売り先を開拓できず、あまり多くの商品を売ることができなかった。

あるとき、A社の教育教材に目を付けた大手の競合会社B社が、多くの営業部員を使って類似商品を販売し始めた。A社の売り上げは落ち込み、対抗策として営業力を強化するための代理店販売を考えたが、マージンを考えると利益が出ないことが分かった。

困ったA社の社長はコンサルタントに相談した。いくつかの手段を紹介され、組み合わせれば売り上げを復活させるどころか、それ以上に伸ばせる可能性があるという。社長は半信半疑だったが、他に手もないので信じて実施することにした。すると、本当に売り上げが回復したどころか、以前よりも拡大した。

コンサルタントのアドバイスは「営業部員による売り込みをやめること、社員ブログを開始すること、自社サイトに教材利用者の声をアップすること、教材の無料体験版を用意すること、利用者のコミュニティーを作り、誰でも質問できるようにすること、購入意欲が高まったお客だけに売ること」というものだった。

▼教育教材販売会社のコンテンツマーケティングの活用

営業部員による売り込みをやめる ⬇

ブログや自社サイトで価値あるコンテンツを提供 ⬇

コンテンツに魅力を感じた見込み客が集まる ⬇

教材の見込み客のコミュニティーが誕生⬇
購入意欲の高まったお客だけに売る

お客は「売り込まれた」から商品を買うのではない。価値があると認知した場合に自分の意思で購入したいと考える。消費者に提供すべきは、困りごとを解消する情報、知りたいことが含まれる情報、自分が必要かを確かめるための試用品などのコンテンツだ。これを理解すれば、コンテンツマーケティングの本質が見えてくる。

❼ファンマーケティング

ファンマーケティングとは、ユーザー（消費者や顧客）に、商品やサービス、イベントなどの体験型消費商材を提供し、ユーザーの共感を醸成しながらファン化し、最終的に優良顧客（ロイヤルカスタマー）になってもらうビジネスの仕掛けのことである。以下を読んで具体的なイメージをつかんでほしい。

あなたは純米日本酒が好きだ。最初はあまり興味がなかったが仲の良い友人に、立ち飲みのお店に誘われ、全国の日本酒を試しているうちに、微妙な味の違いが分かるようになった。ただ最近はやや熱も冷め気味で、新しい味にも出合えていないので、かつての感動が薄れつつある。

ある日、一人で飲んでいると、バーテンから「酒蔵イベント」のチラシを手渡された。都心から2時間くらいの場所に酒蔵があり、新酒を飲めるイベントがあるという。二次元コードを読み取るとSNSや動画サイトにいろいろな情報がある。酒蔵には行ったことがないあなたは興味がわいてきて、早速参加予約をする。

週末、酒蔵に行ったあなたは出来たての生酒《なまざけ》を飲み、仕込み水を味わい、蔵主から珍しい話を聞く。この酒蔵が好きになり、うんちくを語れるようこの酒蔵に頻繁に通うことになった。多くの酒の味、イベント、うんちくを語って友人を巻き込み、1年後に蔵主から任命されてこの酒蔵の運営を手伝うスタッフになった。これが消費者から見たファンマーケティングの事例である。

ファンマーケティングでは、商品やサービスが優れていることはもちろん、会社や商品・サービスを好きになってもらうことが重要である。ユーザーとの接点を増やし、自社のパーパスに共感してもらい、一緒に商品やサービスを成長させていく仕組みが欠かせない。実際にあったケースを抽象化し、ポイントを分かりやすくまとめたもので紹介する。

コーヒーメーカーを無料で配りファンを増やす

インスタントコーヒーの製造会社があった。誰でも知っているブランドだったが、ライバルブランドや、コンビニエンスストアでのコーヒーの対抗策が必要になり、売上拡大のため家庭で本格コーヒーを味わえる「専用コーヒーメーカー」を新たに販売することになった。しかし値段が高いこと、使い方が難しいことから、あまり売れなかった。

困った販売部門の部長は、コーヒーメーカーを売る方法を社員に考えてもらうことにした。聞いたのは2人。1人はスーパーなどの小売店向け営業を担当しているベテラン社員のAさん、もう1人はコーヒーが大好きで、個人的にコーヒーイベントなどの活動をしている法人営業担当のBさんだった。

Aさんは「我々のやるべきは、コーヒーメーカーを売ることである。価格が高いなら安くする必要がある。操作が難しいなら簡単にする必要がある。そうすれば売れる。売れない理由を消していくことこそ重要だ」と主張した。

Bさんは「我々のやるべきは、コーヒーを通じて人生を豊かにすることである。コーヒーメーカーを職場に置いて無料で使ってもらい、コーヒーの材料を買ってもらって本格コーヒーを楽しんでもらえばいい。操作が難しいなら社員に教え、皆が使えるようにする。職場での時間を豊かにすることこそ重要だ」と主張した。

部長が採用したのはBさんのアイデアだった。Bさんが考えた「職場にコーヒーメーカーを置いて、無料で使ってもらいコーヒーの材料を売る方法」はコーヒーアンバサダープログラムと呼ばれ、顧客をファン化するプログラムとして世の中に広がったという。

ファンマーケティングは、消費者が商品やサービスに触れる接点を増やし、価値を多角的に感じてもらい、ファンになってもらう手法でもある。商品やサービス単体でなく、参加できるイベント、ファンサイト、オリジナルグッズ、生の声の収集などの接点や価値の作り方が重要になる。

ファンマーケティングの成功要素

では、どのようにファンマーケティングを使って自社のビジネスで成功ケースを作ればいいだろうか。成功するためのポイントをまとめたチェックリスト（次ページ）を作成した。これを使うことで、成功の可能性が高いファンマーケティングを考えることができる。

チェックリストに沿って考えてみよう。ファンマーケティングを成功させるためには、消費者参加型というだけでは不十分だ。パーパス、顧客ロイヤルティー、データ分析などの要素を組み込むことが重要である。データの活用も忘れてはならない。製品の価値は必要条件である。

現実にはこんな活用例が考えられる。

野菜加工食品会社のファンマーケティングの活用

野菜加工食品会社A社は、野菜を原料にした調味料や野菜ジュースなどを製造・販売していた。ブランド力があり味や品質も良かったが、ライバルブランドもあり競争は激しかった。売り上げを伸ばすために、人気タレントを使ったマス広告のキャンペーンを打っていたが、多くのコストがかかった。

コストをかけてキャンペーンを実施すれば売り上げは伸ばせるものの、コストが高くほとんど利益が残らない。キャンペーンが終わると売り上げが低迷するので、またキャンペーンという繰り返しで、同社製品を買い続けてくれる本当のロイヤルカスタマーを増やせないでいた。

困ったA社の社長はコンサルタントに相談した。いくつかの手段を紹介され、組み合わせればキャンペーンに頼らなくとも売り上げを伸ばせ、

ファンマーケティングのチェックリスト

出所：筆者

チェック項目	内容
① パーパスがあること、ブランドにストーリー性があること	• 企業のパーパスが共感できる • ブランドの歴史や社会性、価値性が高い、消費者や顧客本位で商品やサービスづくりをしている
② 製品・サービスにしっかりとした価値や品質があること	• しっかりとした品質がある、製品やサービスの信頼性が高い、差別化できる特長がある
③ 消費者参加の仕組みがあること	• イベント、消費者参加企画、アンケート、SNSなど消費者の意見が商品やサービスに反映される仕組みがある
④ 顧客ロイヤルティーを高める仕組みがあること	• ポイントプログラムがある、非売品の商品がもらえるなど、購入すればするほど顧客にメリットがある仕組みがある
⑤ 消費者や顧客データが生かされていること	• ③や④について、データを取得できる仕組みがあり、それを使った価値（新商品、サービス、イベント、プログラム）に生かされている

利益を確保できる可能性があるという。社長は半信半疑だったが、物は試しで実施することにした。すると本当に売り上げが伸び、収益が上がるようになった。

コンサルタントのアドバイスは「一般消費者向けの会員プログラムを開始すること、A社が使っている野菜の苗を会員にプレゼントすること、育てている野菜の写真やコメントを専用サイトに投稿してもらうこと、採れた野菜を使ったクッキングイベントを開催すること、そのイベントでの声を商品企画に生かすこと」というものだった。

▼野菜加工食品会社のファンマーケティングの活用法

一般消費者向け会員プログラムの開始
⬇
会員に野菜の苗をプレゼント
⬇
育てている野菜の写真やコメントを専用サイトに投稿
⬇
採れた野菜を使うクッキングイベントを開催
⬇
集めた会員の声を商品企画に生かす

客に商品やサービスへの愛着がなく、安ければいいと思われると、売り上げを伸ばすために安売りやキャンペーンが必要になってしまう。しかし、「この商品やサービスでないとダメという強いこだわりがある」と思われるとそのままで売れるようになる。これがファンマーケティングの本質だ。

❽プロセス体験型消費×SNSマーケティング

「プロセス体験型消費」とは、筆者が使っている言葉で「最終製品ではなく、その製作過程（プロセス）などを楽しんだり、レアな体験として価値を感じたりするタイプの体験型消費（商材）」のことである。最終製品を魚料理とすれば調理自体、もっとさかのぼれば魚釣りがプロセス体験型消費商材であり、ビールであればビール造りが、陶芸品なら陶芸自体がプロセス体験型消費になる。最終製品には必ずプロセスが存在するので、プロセス体験型消費は利用範囲が広いビジネスの仕掛けである。

SNSマーケティングの説明はあまりいらないだろう。SNSの持つ「友人や知人を介して、情報を拡散できる機能」を活用して、商品やサービスを多くの消費者に認知してもらい、購買につなげるマーケティング手法である。

友人や知人を介して情報を受け取るというメディアとしての特性上、信用できる相手からの発信、感動できる内容、自らの体験談などは拡散力が高く、マーケティング手法としても有用だが、信用できない人からの発信、つまらない内容、いかにも売り込みのような内容は効果が薄い。

2つを掛け合わせることで、何が起こるのか。以下を読んで具体的なイメージをつかんでほしい。

あなたは最近忙しくストレスがたまっている。週末には久しぶりに休暇が取れるが、何をしたらいいのか迷っている。テニスもゴルフもあきたし、映画も動画配信サービスにも興味のあるものがない。何気なくSNSをのぞいていると大学時代の同級生のグループが盛り上がっている。

「小田原で飲み会をする」と書いてある。近いので行ってもいいが飲み会だけではつまらない。スルーしようとしているとダイレクトメッセージが来た。「かまぼこを作って、地ビールでいただく。先着20名」と書いてある。

あなたはこれを見つめる。

「かまぼこって作れるのだっけ？」「材料って白身の魚をすった？」「作りたてっておいしそう」あなたは残り3人になった申し込みサイトに登録する。これが消費者から見たプロセス体験型消費×SNSマーケティングの事例である。

プロセス体験型消費×SNSマーケティングを成功させるには、まずプロセス体験型消費とは何か、どのようなものが向いているのかを理解し、そのうえでSNSマーケティングとの相性を考えることが必要である。実際にあったケースを抽象化し、ポイントを分かりやすくまとめたもので紹介する。

まんじゅうづくりの体験を修学旅行生に販売

ある観光地で名物のまんじゅうを製造販売する零細企業を父親から継いだ息子がいた。味は他のまんじゅう屋と遜色ないが、店も小さく数を売ることができないため、価格も下げられなかった。結果、経営状態は厳しかった。息子は売り上げを増やそうと考えたが良いアイデアは浮かばなかった。

困った揚げ句、店員にアイデアを考えてもらうことにした。指名した店員は2人。1人は番頭で30年勤めているベテランのAさん、もう1人はアルバイトの高校生Bさんだった。

Aさんは聞かれるやいなや「まんじゅうは味が絶対。だから、皮にもあんにもいい材料を使って、いつも作りたてをお客に味わってもらうのが重要である。店舗を増やし、大量生産して多く売れば、価格はさほど上げる必要はない。味こそ価値である」と主張した。

Bさんは店の前を通る修学旅行生を指さして「まんじゅうをつくることは楽しいので、修学旅行の中学生や高校生も自分が作ったものならお土産として買うのではないか。『じぶんまんじゅう』として売ってはどうか。味も大事だが自分で作るプロセスも価値になる」と主張した。

息子が採用したのはBさんの案だった。このまんじゅう屋は修学旅行生の立ち寄り先として人気の店になり、体験過程を動画や写真でSNSに投稿して盛り上がったので、全国から多くの修学旅行生が訪れ、まんじゅうもよく売れたという。

消費者やお客に無料で自社コンテンツを発信してもらうという性質上、SNSマーケティングは、うまくいけば爆発的に拡散し、安価に自社商材販売につながる魅力的なビジネスの仕掛けである。しかし、成果を出すには、消費者やお客が「これいいな。誰かに教えたい」と思う商材でなければならない。

そこで、プロセス体験型消費の出番だ。商材としては「日常では味わえない珍しい体験」「プロセスを経て完成させる達成感」「人に自慢するという満足感」を与えることができるものなので、SNSマーケティングと相性がいい。

プロセス体験型消費×SNSマーケティングの成功要素

では、どのように、プロセス体験型消費×SNSマーケティングを使って自社のビジネスで成功ケースを作ればいいだろうか。成功するためのポイントをまとめたチェックリスト（次ページ）を作成した。これを使うことで、成功の可能性が高いプロセス体験型消費×SNSマーケティングを考えることができる。

チェックリストに沿って考えてみよう。プロセス体験型消費×SNSマーケティングを成功させるためには、自分一人では簡単にできないことで、消費者が楽しそう、珍しそう、他人に話したいと思わせるような体験価値の高いプロセスを選ぶことが必要である。ＳＮＳと相性が良さそうなものを選ぶことも忘れてはならない。

現実にはこんな活用例が考えられる。

農家のプロセス体験型消費×ＳＮＳマーケティングの活用

農業を営むある地方の老夫婦が、畑で野菜をつくって直接地元の八百屋に卸していた。味には自信があったが、他の生産者との競争は避けられない。さらに見栄えが悪いものは売れなかった。生鮮品の野菜は売れなければ捨てるしかない。手間をかけていたにもかかわらず利益は出なかった。

困った老夫婦は遊びに来ていた大学生の孫に相談した。いくつかの手段を紹介され、組み合わせれば高い値段で野菜が売れる可能性があるという。

老夫婦は半信半疑だったが、他に手もないので実施することにした。すると、本当に野菜が高く売れるようになった。大学生の孫が伝えたのは「子育ての一環でレアな体験をさせたい親向けに、親子農作業体験教室を企画し、子供が育てた野菜を使って家族でバーベキューをして、野菜をお土産として持って帰らせること、これを親と子がＳＮＳに投稿すること」だった。

プロセス体験型消費×SNSマーケティングのチェックリスト　出所：筆者

チェック項目	内容
①普段できないプロセスであること	日常生活ではあまり経験しないプロセス（かんざしづくりなどはレア感あり）
②プロセスが一般に難しく、専門家の指導が必要なこと	自分ではなかなかつくれず、専門家（事業者）の支援が必要なもの（専用の材料、道具、つくり方がある　など）
③プロセスの結果が、食べられたり、使えたりすること	まんじゅう、ケーキといった食べ物やビール、ワイン、日本酒のような飲み物、アクセサリーなど装飾品が典型
④SNSに投稿しやすいこと	見た目がきれい（写真映え）、製作過程がなかなか見られない珍しいもの（ショート動画向き　など）
⑤グループで楽しみやすいこと	一人で黙々と体験するプロセスでなく、グループで楽しみながらできるプロセス（修学旅行生がグループでまんじゅうをつくるプロセス　など）

▼ある農家のプロセス体験型消費×SNSマーケティングの活用

子育て世代の親に親子農作業体験教室を企画⬇
収穫した野菜で家族バーベキュー⬇
野菜はお土産でも提供⬇
SNSへの投稿を依頼し野菜の魅力を拡散

最終品では差別化が難しく価格競争が避けられない場合は、プロセス体験型消費を実現し、SNSを使って拡散することを考えてみる。プロセス体験型消費の適用範囲は広いし、SNSマーケティングはコストを抑えられる。ビジネスの仕掛けによって市場でのポジションが変わってくる。

❾ 体験型消費×お試しマーケティング

体験型消費は「コト消費」とも呼ばれるもので、旅行、観光列車、クルーズ、料理教室などの習い事、スポーツ体験など、体験自体が価値となる、主に無形（サービス型）商材を指す。対になる言葉は製品などの形がある「モノ消費」だ。ただし、有形の商材でも高級車、宝石などの装飾品、ブランド衣料品などは体験型消費商材の側面が強い。普段着のまま家でつけても宝石の体験価値は高くないが、場所やイベント、出会う相手によってコト消費商材としての価値が上がる。

「お試しマーケティング」は筆者が使っている言葉で、お客に試用（お試し体験）してもらって購入につなげるマーケティング手法である。初月無料、1回目半額、試乗、体験コース、フリーミアム（無料商材でお客を集め、有料版にアップデートしてもらう）などは全てお試しマーケティングの例である。以下を読んで具体的なイメージをつかんでほしい。

あなたはここ数年、健康診断の結果に問題を抱えている。やせないといけないし、脂質も塩分も減らしたいと思うが、ストレスがたまると味の濃い、脂っぽいものをビールや日本酒で流し込んでしまう。体重は減らないし、顔もむくみがちである。

フィットネスクラブに行こうと思うが、会費も高いし、決まった時間に続ける自信がない。もっと手軽なものはないかとネットで検索していると、ある「スマホの健康プログラム」に目がとまった。プログラムを見ると、歩いたり、走ったり、健康に良い活動をするとポイントがたまって、割引でスポーツ用品が買えるらしい。

面白そうだが、月額８００円の費用は少し高いとちゅうちょする。今まで健康に良いことをやろうと思っても続かなかったからだ。サイトを見ていたら「お試し版」があった。無料で１カ月体験して、毎週一定の運動をするとコンビニで交換できる低塩分・低脂質の健康に良い食品が当たるという。

無料ならやってみよう。続かなくても損はないし、楽しければ続くだろう。こう考えると体験版は良い選択だと思う。無料期間で体験できるから、運動習慣が身に付けばラッキーだし、無料期間で終わってもお金を払ってないので後悔しない。これが消費者から見た体験型消費×お試しマーケティングの事例である。

体験型消費は、体験によって生じる感情（楽しい、爽快、心地よい、ストレス発散になる）を価値としてお客に訴求する。逆にいえば、体験することで価値が生じるので、体験しないと購入につながりにくいという特性を持つ。しかし、通常の商取引は、購入しないと体験できない。お客は価値を感じたから購入するのだが、価値を感じるためには先に購入して経験する必要がある。この矛盾が体験型消費（商材）のペインである。

ここで、購入のハードルを下げるお試しマーケティングが役に立つ。初月無料、1回目半額、試乗、体験コース、フリーミアムなどやり方はさまざまだ。体験型消費とお試しマーケティングは不可分の関係と言ってもいい。実際にあったケースを抽象化し、ポイントを分かりやすくまとめたもので紹介する。

売らないショールームでの手軽な体験から高級車を販売

海外の自動車メーカーが、日本で高級車を売っていた。ブランド力があったので富裕層によく売れた。しかし、富裕層とはいっても実態は高齢者が多い。近い将来、売り上げが減る可能性が高く、拡大には、若い世代の開拓が不可欠なのだがうまくいっていない。

困った日本法人の社長は、状況をどう打開するかを社員に考えてもらうことにした。指名した社員は2人。1人はベテランのトップセールスのAさん、もう1人は新入社員でまだ自動車を1台も売ったことがないBさんだった。

Aさんは聞かれるやいなや「もっと営業担当者を増やす必要がある。売るためのショールームを増やし、自社の車の価値を営業員がお客に訴求する必要がある」と主張した。

Bさんは「営業担当者が営業しないで、お客が気安く、車を体験できることが必要。自動車を売らないショールームを導入すべきだ」と主張し、シェアリングで高級車を安く、手軽に時間貸しするサービスと、試乗した人や時間貸しで体験した人の感想をSNSに投稿してもらうコミュニティーづくりを進言した。

Aさんの言う「売るためのショールーム」を試験的に増やしたが売り上げはほとんど増えなかった。高級車へのハードルが高過ぎ、若いお客が来なかったのだ。一方、Bさんが考えた「自動車を売らないショールーム」は、体験しないと売れない高額商品などの販売手法として世の中に広がったという。あえて売り込まず、まず体験をしてもらうことで価値を感じて購入の意思決定をしてもらう販売戦略として確立したのだ。

体験型消費×お試しマーケティングの成功要素

では、どのように体験型消費×お試しマーケティングを使って自社のビジネスで成功ケースを作ればいいだろうか。成功するためのポイントをまとめたチェックリストを作成した。これを使うことで、成功の可能性が高い体験型消費×お試しマーケティングを考えることができる。

チェックリストに沿って考えてみよう。人は機能や形状の美しさだけを価値として購買を決定するわけではない。体験したことだけで得られる価値がもたらす、「どうしてもこれが欲しいという気持ち」が時に判断の決め手となる。特に高級自動車のようなブランド力が高い商材はその傾向が強い。

サービス型の体験型消費商材や、高級自動車のように有形商材だがブランド力があって体験型消費の側面が強い商材だけに、無料試乗、シェアリングを使った時間貸しというお試しマーケティングが有効に機能する。お試しマーケティ

体験型消費×お試しマーケティングのチェックリスト　出所：筆者

チェック項目	内容
①体験価値が高い試用を提供できること	これは良い、感動する、ドキドキするなどの体験価値を試用によってお客に与えることができる（高級車の試乗、エステの体験　など）
②体験しないと価値が分からないこと	高額商品、自分の身体への施術など、体験をしてみないと価値を実感できず購入を決めることができない
③試用の手間が少ないこと	当日でもスマホで簡単に試用申し込みができる　など
④試用後の情報を拡散できること	試用後の感情（良かった、感動した、ぜひ人に教えたい）をスムーズにSNSに投稿できる　など
⑤価格面のハードルが低いこと	無料や半額で試用できる　など

ングは、試すのに手間がかからない、試用後にＳＮＳなどで情報を拡散しやすい、低価格、できれば無料で試せる形にするのがいい。

現実にはこんな活用例が考えられる。

ＥＣサイトの体験型消費×お試しマーケティングの活用

ある国に販売好調なＥＣサイトがあった。サイト運営会社の社長は事業拡大のため、リアル店舗で売っているパソコン、家電、雑貨、飲料、スナック類などどんどん扱う商材を増やしていった。

多くは成功したのだが、なかにはどうしても売れない商材があった。社長は答えを探して、何日もその商材のリアル店舗を観察し続けた。「解決策はこれだ」と確信した社長が、ＥＣサイトにあるサービスを追加したところ、どんどん売れるようになった。

社長はどの商材を対象に、どんな手を打ったのか。くつを対象に無料返品制度を導入したのだった。くつは見た目だけで購入を決めるのは難しい。歩いている時の重さ、足への負担といった履き心地など、体験価値が重要とされる商材だからだ。

▼ＥＣサイトの体験型消費×お試しマーケティングの活用

好調なＥＣサイトでくつの販売が不振⬇
無料返品制度（お試し）を導入⬇
履き心地、歩いている時の重さ、足への負担が確認可能に⬇

お客の体験価値向上➡ネットでくつが売れる

ＥＣのオペレーションでは実現が難しかった体験価値を、返品制度というお試しマーケティングで解消したケースだが、くつに限らず体験価値が重要な商材にお試しマーケティングは有効だ。体験型消費×お試しマーケティングは活用幅の広いビジネスの仕掛けである。

第4章

顧客ロイヤルティープログラム／D2C／D2Cサブスク／プロシューマー

第4章は、主にリアルビジネス＋デジタルに関連する4つのビジネスの仕掛けを取り上げる。具体的には、顧客ロイヤルティープログラム、D2C、D2Cサブスク、プロシューマーである。これらのうち顧客ロイヤルティープログラムとプロシューマーは他の分類でもよく活用される。

⑩ 顧客ロイヤルティープログラム

「顧客ロイヤルティープログラム」という用語から何をイメージするだろうか。ある人は家電量販店のポイント、別の人は航空会社のマイル、また別の人はラーメン店のスタンプを思い浮かべるかもしれない。

対象となる商材の種類はさまざまだが、何らかのポイントを使うという点では共通している。「リピート客を増やしたいのでポイントを導入したい」「顧客単価を上げたいので購入価格比例ポイントにする」「来店を促したいので来店ポイントをつけよう」といった具合である。

気を付けなければならないのは、ポイントは手段にすぎないということだ。リピート客を増やすためには有効だが本質ではない。お客がリピートするのは「ポイントを使って割引で商品を買えるから」だけではない。価格だけが重要なら、もっと安い店やECサイトとの競争には勝てない。

強い価値の存在でリピート客を増やす

「絶対にここで買い続けたい」と思わせる強い価値の存在がリピート客を増やす最大の要因であり、これを提供するのが顧客ロイヤルティープログラムの本質だ。導入する場合は、「顧客ロイヤルティー＝顧客が感じる絶対的な価値」の意味を考える必要がある。実際にあったケースを抽象化し、ポイントを分かりやすくまとめたもので紹介する。

顧客の心をつかんだ店員の親身なアドバイス

ある地域のドラッグストアに薬を買いに来たお客がいた。そのお客は店を毎日訪れた。1日目は頭が「ズキズキ痛い」と言い、2日目は腹が「シクシク痛い」と言い、3日目はのどが「チクチク痛い」と言い、4日目は、腰が「ミシミシ痛い」と言った。

接客した店員は2人いた。1人はベテラン薬剤師のAさん、もう1人は新人のBさんだった。

Aさんは4日目に、なじみになったそのお客に「あなたには頭痛薬、胃腸薬、うがい薬、腰痛薬など症状に応じた薬が必要。今後も続けて薬を買いに来るのがいいだろう」と言った。

Bさんは4日目に、なじみになったそのお客の体や顔を見ながら「あなたには薬だけでなく健康な生活も必要。バランスが良い食事や適度な運動、十分な睡眠をとるようにした方がいい」と自分の体験を交えてアドバイスした。

お客の心をとらえたのはBさんの言葉だった。そのお客はさらに頻繁に店を訪れて、何でもBさんに相談するようになった。Bさんの薦める食材や薬は迷いもせず買うようになり、ふと会話で話題になった運動まで始めた。そして、家族だけではなく、多くの友達や近所の健康に自信がない人を店に連れてきたので店は繁盛したという。

Aさんのところにもお客は来たが、店に通い続けることは少なかった。なぜなら、お客はAさんが提案した薬をこの店より価格の安い店やネットで買ったからだ。お客は「どの薬が良いかを店で確かめたら、価値が同じものを別の安いところで買えばいい」と考えたのだ。

顧客ロイヤルティープログラムは、一般にB2Cで実施される顧客のリピート購入、アップセル、クロスセルによる顧客からの売上最大化を目的としたビジネスの仕掛けである。

「顧客が好きなもの」「顧客がうれしいこと」「顧客の困りごとを解消できるもの」「顧客が共感できるもの」などが導入の目的であり、顧客ロイヤルティーを高めることの本質である。これが分かっていないから、「ポイント割引制度を導入すれば顧客ロイヤルティーが高まる」と誤解してしまう。

顧客ロイヤルティープログラムの成功要素

では、どのように、顧客ロイヤルティープログラムを使って自社のビジネスで成功ケースを作ればいいだろうか。成功するためのポイントをまとめたチェックリスト（次ページ）を作成した。これを使うことで、成功の可能性が高い顧客ロイヤルティープログラムを考えることができる。

チェックリストに沿って考えてみよう。顧客本位であり、共感できるパーパスや、オンリーワンのほかにない商材の特長、ポイント制度など何度も使いたいと顧客の心を刺激する要素があり、データを活用していれば、いたずらにプログラムの内容にコストをかけなくてもいい。

顧客ロイヤルティープログラムの効果は、リピート顧客や大口顧客の増加で経営効率が高まる点にある。大半のビジネスは、新規顧客の獲得に比べ、リピート客の維持コストの方が安く済むからだ。

現実にはこんな活用例が考えられる。

ラーメン店の顧客ロイヤルティープログラムの活用

繁盛していたラーメン店があったが、ある時、近所に出店したライバルにお客を奪われてしまった。ライバル店が導入したポイント割引クーポンを「お得だ」と感じる人が多く、人気が高まったからだ。

ライバル店では食事をするたびにポイントが蓄積される。スマホで店の二次元コードを読み込むだけでいい。ある程度までポイントがたまるとスマホに割引クーポンが表示され、店員に見せて割引してもらう。ただクーポンには有効期限があり、期限を過ぎると使えない。専用のシステムを使って実現させたもののようで、導入・維持コストのかかる仕組みだった。

顧客ロイヤルティープログラムのチェックリスト　　出所：筆者

チェック項目	内容
①顧客本位であること	会社都合ではなく、真に顧客本位、顧客視点で運営されている
②共感できるパーパスがあること	社会貢献、社会課題解決、地球にやさしい、サステナブル（持続可能）をパーパスに掲げ、一貫した事業活動をしている
③差別化できる特長のある商品、サービスを提供していること	ここでしか買えない、ここでしか味わえないオンリーワンの特長があるオリジナル商品やサービスがあり、顧客の満足度が高い
④リピートするモチベーションを刺激する仕掛けがあること	継続購入するとポイントが蓄積され、ロイヤルカスタマーとして扱われる。ロイヤルカスタマーになると、割引で商品が買えたり、専用商品、限定商品が手に入ったり、商品企画に参加したりできるなどの特典がある
⑤データが取得でき、価値に利用できること	購入履歴やイベント参加履歴、趣味や し好から、最適な情報や商品をレコメンドするなど、データが顧客価値につながる循環ができている

対応しようにもラーメン店には資金の余裕がない。店長は一計を案じて金のかからない割引クーポンを導入し、お客を奪い返した。期限が切れたものに限って、ライバル店の割引クーポンを自店で使えるようにしたのだ。

▼ラーメン店の顧客ロイヤルティープログラムの活用

ポイント割引クーポンが人気の競合店に対抗⬇
システム投資の資金的余裕はない⬇
ライバル店の有効期限切れクーポンを自店で利用可能に⬇
「がっかり感」を再び価値に変える刺激と魅力がお客の来店を促す

価値のなくなったクーポンを、価値のあるものとして再利用する。使えたはずのものが使えなくなった「がっかり感」が消え去ることに、お客は来店を促す刺激と仕掛けてきたラーメン店への魅力を感じる。ライバル店との関係を考慮することは必要だが、顧客のリピート化に効果のある顧客ロイヤルティープログラムは工夫次第で安価に導入できる。顧客ロイヤルティープログラムは本質を理解して設計することが重要である。

⑪ D2C

D2Cとは、ダイレクト・ツー・コンシューマー（Direct to Consumer）の略で、一般にメーカーが卸や小売業者などの流通を通さずに直接、消費者に商品をネット通販するビジネスの仕掛けである。以下を読んで具体的なイメージをつかんでほしい。

あなたは走ることが好きだ。ランニングシューズは特に大好きなアイテムで、いつもスポーツショップやネットでランニングシューズの情報を検索し、違いを吟味し、次はどのシューズを買おうかと考えている。

ある日、いつものようにSNSをのぞいていると、話題になっているランニングシューズがあった。これまで全く聞いたことがないブランドでメーカーも知らない。しかし、マラソン界で著名な市民ランナーたちが皆、最高だと騒いでいる。

あなたは気になってしょうがない。スペックは良さそうだが、価格が高めだ。安く買おうとECサイトを調べるが、どこにも売っていない。どうやらメーカーの自社サイトでしか買えないようだ。サイトに行くと「品切れ中」でがっかりした。だが予約は可能と書いてある。予約するには個人情報を入力して登録しなければならない。

でも、あなたは登録の手間など気にしない。予約して買えるなら商品到着が遅くてもいい。こんなに希少で話題性のあるシューズを持っているなら多くのランナーに自慢できるに違いない。これが消費者から見たD2Cの事例である。

D2Cはメリットの大きいビジネスの仕掛けだが、小売りでの消費者・顧客との接点を持ってこなかったメーカーには足りないノウハウも多い。特に注意すべきは、消費者は商品単体の機能ではなく、体験価値も含めたベネフィットを求めていることだ。実際にあったケースを抽象化し、ポイントを分かりやすくまとめたもので紹介する。

使い方の動画を付けてネット直販の椅子がロングセラーに

コロナ禍で在宅勤務が多くなった結果、腰を痛める人が増えた。これをチャンスと捉えた椅子メーカーの社長が、何種類もの腰が痛くならない椅子を作った。しかし、どれも売れ行きはいまひとつだった。腰が痛くならない椅子はすでにたくさんあったからだ。

社長は困ったが、自分で考えてもアイデアが思いつかなかったので、社員に考えてもらうことにした。相談した社員は2人いた。1人は大学で人間工学を勉強したAさん、もう1人は50歳代のベテラン社員のBさんだった。

Aさんは「全ての椅子の座り心地を数値化したデータを取得し、それを超える性能を持つ椅子が必要。まず、データを取得するために予算を付けてほしい」と言った。しかし、データを入手して新製品を作っても売り上げはほとんど増えなかった。卸や小売業者が商品の良さを実感できなかったからだ。

Bさんは、自分の腰を伸ばしながら「今までの椅子に1時間ごとに腰痛予防体操の音楽が流れる機能を追加し、椅子から立ち上がって腰を伸ばすように注意喚起すればいい」と言って、それをネット直販し、使い方の動画とともに腰が痛くならなくなったことをSNSで拡散した。

Bさんが考えた音楽が流れる椅子は腰痛持ちが安心して仕事ができる椅子として、SNSの拡散により世の中に認知され、「腰が痛くならない椅子」として、このメーカーの直販サイトで長く売れ続けたという。

通常、メーカーは流通を経由して、製造した商品を購入者に届ける。流通経路を構成する業者が増えるほど、流通コストが高くなって販売価格が上昇する。乱暴に言うと、販売価格を抑えるにはメーカーが利益を減らすしかない。これが1つ目メーカーのペインになる。

流通を経由する場合は、消費者への接点も委ねる。メーカーがいくら心を込めて商品を作ったとしても、小売りとの接点は卸売業者が、消費者との接点は小売業者が担うので、消費者に商品の価値を直接伝えることができない。お客の声も直接は伝わってこない。これが2つ目のペインである。

これらのペインを解消するビジネスの仕掛けがD2Cである。ただし、D2Cは「両刃の剣」ということに注意する必要がある。うまくいけばメーカーのメリットは大きいが、従来のバリューチェーンを構成する業者を中抜きすることになる。流通を敵に回しかねない。

まずは小さく実験的に始めるのがいいだろう。消費者や顧客接点をメーカー自身が持つ意味を考えて準備すべきである。

D2Cの成功要素

では、どのように、D2Cを使って自社のビジネスで成功ケースを作ればいいのだろうか。成功するためのポイントをまとめたチェックリストを作成した。これを使うことで、成功の可能性が高いD2Cを考えることができる。

チェックリストに沿って考えてみよう。D2Cは、メーカーによる

D2Cのチェックリスト　　出所：筆者

チェック項目	内容
①パーパスがあること、ブランドにストーリー性があること	●企業のパーパスが共感できる ●ブランドの歴史や社会性、価値性が高い ●消費者や顧客本位で商品やサービスをつくっている
②製品・サービスにしっかりとした価値や品質があること	●しっかりとした品質がある ●製品やサービスの信頼性が高い ●差別化できる特長がある
③顧客（ファン）と一緒に製品・サービスづくりをしていること	消費者のニーズ、顧客の声、ファンの熱量が製品やサービスに反映されている
④価値を感じるコンテンツがあること	製品やサービスを利用した顧客の声、製品やサービスの製造工程、原材料へのこだわりなどストーリーテリングができている
⑤ロイヤルティープログラムの価値があること	顧客（ファン）が喜んでロイヤルティーを高めるプログラムになっている。 〈例〉ポイント制度、リワード（特典）、商品企画への参加　など

消費者への直接販売モデルだが、単に商品を作って自社でネット販売しても、消費者に価値を訴求できなければ、簡単には売れないだろう。真に消費者、顧客本位で商品を開発し、これをコンテンツで伝え、消費者や顧客に共感してもらうことで成功につながる。パーパスやブランドのストーリー性があるか、商品づくりに顧客が参加しているかどうかが意味を持つ。商品自体の品質はいうまでもない。

D2Cは直接販売に、顧客ロイヤルティープログラムやプロシューマー（次々節で後述）が組み合わさった複合的なビジネスの仕掛けといえる。

現実にはこんな活用例が考えられる。

アパレルメーカーのD2Cの活用

あるアパレルメーカーは、小売業者に製品を委託販売してもらうビジネスモデルで事業を手がけていたが、コロナ禍で来店者が激減したという理由で、小売業者から委託販売の縮小を通達された。1社だけでなく、多くの小売業者が店舗を閉じるなどしたので、事業継続の危機に直面した。

困ったメーカーの社長はコンサルタントに相談した。いくつかの手段を紹介され、組み合わせればコロナ禍でも売り上げを元に戻せるか、それ以上に伸ばせる可能性があるという。社長は半信半疑だったが、他に手もないので信じて実施することにした。

すると、本当に売り上げが戻ってきた。コンサルタントのアドバイスは「自社サイトで売ること、店舗閉鎖で仕事がなくなった販売員を雇用すること、その販売員が服を着た写真や動画をSNSで拡散し、消費者からの質問にも答えるようにすること」というものだった。

▼アパレルメーカーのD2Cの活用

自社サイトでネット直販を開始⬇
コロナ禍で仕事がなくなった販売員を雇用⬇
販売員が服を着た写真や動画をSNSで拡散⬇
消費者からの質問にネットで回答⬇
お客が欲しかった価値をデジタルで提供

お客にとっての価値は店舗ではない。自分にどの服が似合うのか、どのようにコーディネートすればいいかが分かることだ。であれば製品そのものと販売員の知識と接客技術が組み合わさって価値になる。流通経路は必須ではない。お客にとっての本質をとらえて価値を提供できれば成功できる。

⓬ D2Cサブスク

D2Cサブスクは、言葉の通り、D2Cとサブスクリプション（お客による定期購買）を組み合わせるビジネスの仕掛けである。前節で示したようにD2Cは流通を通さずに、商品価値を直接お客に訴求でき、顧客情報の取得を可能にするものだ。サブスクは広告宣伝費や店舗でかかる販売費などを抑えながら継続的販売を可能にする。事業者にとって多くのメリットがあるが、両者の組み合わせは消費者にも強く訴求できる。実際にあったケースを抽象化し、ポイントを分かりやすくまとめたもので紹介する。

あなたは最近、肌の張りがなくなってきて鏡を見るたびに気になっている。最初はさほど心配はしていなかったが、1カ月も続くと次第に気が重くなってくる。ネットで検索すると「加齢の影響で、放っておくと老いが加速する」と書いてある。

あなたは、心配になってネットで「張りのある肌」と検索する。サプリメントやクリームなどの商品が表示されるが、どれが良いのかが分からない。店やサロンに行ってもいいが、ネットには「店やサロンでは買えません」と書いてある。そこで、ネットで買えるものを試そうと、さらに検索する。すると、良さそうなクリームが目に入った。多くの人が「肌の張りが戻った」と感想を書いている。しかし値段が高い。あなたは迷うが、初回は3割引だと書いてある。それなら、1回だけ試してみようと思う。ただ、効いた場合でもずっと定価で買うのはちょっと高いかもとも迷う。

2回目以降は2種類の購入コースが書いてあることに気付く。定価で毎回注文するコースと毎月定期購入コースで、後者は1割安い。あなたはもう迷わない。定期購入して、いらなくなれば、キャンセルすればいい。これが消費者から見たD2Cサブスクの事例である。


いくつものメリットがあるので、多くの企業がさまざまな商品をD2Cやサブスクで売ろうとしている。服のD2C、家電のD2C、スポーツ用品のD2C、生花のサブスク、服のサブスク、焼き肉のサブスクなどだ。実際にはもっと多くの商品やサービスで存在しているが、全てがうまくいくわけではない。

消費者の「自分が欲しいもの、自分が困っていること」を解消するもので、ネットでしか買えない場合に、D2Cやサブスクで買おうとする。消費者が定期的に欲しいもの、ネットでしか買えないが価値の高いものを提供することがD2Cサブスクの勝ち筋だ。以下を読んで具体的なイメージをつかんでほしい。

「眠くなる風邪薬」の失敗から安眠サプリのサブスクへ

ある製薬会社が市販薬として風邪薬を製造し、全国のドラッグストアで販売した。効果は十分だが、眠くなりやすいという副作用があり、仕事中や運転中など、起きていなければならない時間帯に眠くなってしまうとの噂が広がり、店舗での扱いが激減した。

困った社長は、この状況をどう打開するかを社員に考えてもらうことにした。指名した社員は2人。1人は他の製薬会社から転職してきたAさん、もう1人はコールセンターで顧客の相談業務を担当しているBさんだった。

Aさんは「眠くなる風邪薬は失敗だ。昼前に飲んでも眠くならない風邪薬を開発すべき。眠くならないことこそ価値である」と主張した。

一方、Bさんは「眠くなる風邪薬は失敗ではない。夜ぐっすり眠れるサプリのニーズが分かったからだ。眠れることこそ価値である」と主張し、「安眠サプリ」をサブスク形式でネット直販し、顧客の感謝の声をSNSで拡散すべきと言った。Bさんはコールセンターで「飲むと眠れるので、買える店を教えてほしい」というお客の声を多く聞いていたのだ。

Aさんの考えた案で開発した新製品の売り上げは期待に応えるものではなかった。このような風邪薬はほかにもあったからだ。一方、Bさんが考えたサプリは、不眠に悩む人が安心して眠れる「安眠サプリ」として世の中に認知され、お客から定期注文され続けた。

その結果、顧客情報も集まり、寝つきを良くするサプリ、夜中に起きてしまわないようにするサプリなど、顧客の悩みデータを使って、さらに新しい安眠サプリの種類を増やし、この会社は強いD2Cブランドに成長したという。

D2Cサブスクの成功要素

では、どのようにD2Cサブスクを使って自社のビジネスで成功ケースを作ればいいだろうか。成功するためのポイントをまとめたチェックリストを作成した。これを使うことで、成功の可能性が高いD2Cサブスクを考えることができる。

チェックリストに沿って考えてみよう。定期的に使う、買うのが面倒でない、価格が安いといったこともそうだが、人はペインがある場合に、それを解消できるもの（情報・商品・サービスなど）を欲する。ペインが強ければ強いほど、その解消にコスト（時間、お金）を多くかけてもいいと思うものだ。

このような、人の不満・不安・不幸などを解消し幸福にするモノやことを探し、D2Cサブスクを当てはめればお客にも、事業者にもメリットのあるビジネスが成立する。D2Cサブスクは、型に従って導入すれば成功しやすい。

現実にはこんな活用例が考えられる。第1部で記したひげそり製造販売

D2Cサブスクのチェックリスト　　出所：筆者

チェック項目	内容
①商品にしっかりとした品質があること	商品として支持される基本品質があり、製品やサービスの信頼性が高い。特長がある
②日常的に繰り返し使う製品であること	毎日使う消耗品や健康維持、食などの定期利用性がある
③継続して購入することが面倒なものであること	毎回、店舗に行って購入する面倒や使った後の処分が必要などの手間がある
④強いペインを解消する製品であること	その製品を使わないと不具合がなくならず、ペインを解消できない
⑤価格を安くする仕掛けがあること	年間契約で解約しないことを前提に割引をするなど（事業者がお客を獲得するための広告宣伝費や販売費を商品価格の割引の原資とし、商品販売価格を安くする　など）

会社の応用例ともいえるものだ。

シェーバーメーカーのD2Cサブスクの活用

ある男性は、世界的に有名なメーカーのシェーバーと替え刃を定期的に店で買っていた。電動シェーバーでは深ぞりができないからだ。シェーバー本体は手ごろな価格だが、替え刃の価格の高さに不満を持っていた。

毎日、ひげをそっていればすぐに替え刃が必要になるが、替え刃が高いので、相当な出費になる。これがペインになり、少しでも出費を下げたいとメーカーに声を届けたが、無視された。この男性は次第にこのメーカーに不満を持つようになり、どうにかしたいと考え、自分でシェーバーと替え刃を作って売ることにした。

しかし、名もない個人がシェーバーを作って店舗で売るのは現実的ではない。この男性は一計を案じて、有名メーカーとは異なる戦略を採用した。その結果、この男性のシェーバー本体と替え刃は多くのお客を獲得し、人気シェーバーブランドとなった。

男性は何をしたのか。国内や海外のシェーバーや替え刃を製造するOEMメーカーを探して、十分な品質の製品の製造を委託し、有名メーカーより安く提供するため、D2Cサブスクを採用し、有名メーカーに不満を持っているお客に向けてSNSに投稿。同調したお客を会員化してシェーバーと替え刃を継続販売したのだった。

▼シェーバーメーカーのD2Cサブスクの活用

大手シェーバーメーカーのお客の不満に着目⬇
不満を解消する商品を開発し、製造は委託⬇
D2Cサブスクで提供⬇
SNSを使い不満を持つ消費者を会員化⬇
大手メーカーのお客を奪う

この事例はシェーバーが有名メーカーからお客を奪うケースであるが、D2Cサブスクをうまく使えば、多くの事業者がライバルからお客を奪い、リピーターにできる可能性がある。D2Cサブスクは型にはまると強さを発揮するビジネスの仕掛けだ。

⑬ プロシューマー

プロシューマー（Prosumer）とは、生産者（プロデューサー）と消費者（コンシューマー）を組み合わせた造語で、生産活動を行う消費者、つまり生産消費者のことである。未来学者のアルビン・トフラーが1980年に発表した著書『第三の波』で示したものだが、今日でも注目されている。筆者は利用範囲の広いビジネスの仕掛けとしてこの言葉を使っている。以下を読んで具体的なイメージをつかんでほしい。

あなたはホームセンターのオリジナル商品が好きだ。毎週、近くの店に通い、いろいろ物色して面白い商品を買って使う。満足しているので友達にも教えたい。SNSで感想をつぶやくと多くの「いいね」が付く。これに気を良くし、またホームセンターに通う。

しかし、だんだん満足できなくなる。最初は商品に満足していたが、次第に不満なところが目に付くようになる。「これがあったらもっと良い」「もっと軽い方が」「この機能があれば完璧だけど……」。これらも誰かに聞いてほしくてSNSに投稿する。

時間がたつうちに、さらに不満が募る。もっと良い商品が欲しい。でもほかの店にも、ネットを探しても売ってない。自分だったらもっと良い商品が企画できるのに。気になってしょうがない。自分が考える理想の商品を見てほしくてSNSに投稿する。文字だけでなく、絵でも描く、そして動画で説明する。

ある日、あなたのところにメッセージが届いた。いつも行くホームセンターの本社からだ。「当社商品の企画に参加いただけないでしょうか」と書いてある。あなたは思いもよらぬオファーに驚き、ときめき、早速、返信する。プロシューマー誕生の瞬間である。

プロシューマーは、一般にメーカーや卸、小売業者など商品の売り手が、買い手である消費者のニーズ、声、インサイト（顧客深層心理）を取り入れた商品を開発したり、販売企画など売り方の改善をしたりすることを実現するビジネスの仕掛けである。実際にあったケースを抽象化し、ポイントを分かりやすくまとめたもので紹介する。

消費者の声でペットボトルを工夫してヒットに

飽和したミネラルウオーター市場で他社からシェアを奪いたいと考えた大手飲料メーカーの商品企画部長がい

た。この部長は、新商品として新しい採取地の天然水を製品化し「貴重な採取地の天然水」とキャンペーンを打ったが、成果は上がらなかった。

新商品が売れないので、部長は困って対策を考えてもらうことにした。指名した人は2人。1人は水の成分や味に詳しい系列研究所のベテラン研究員Aさん、もう1人はいつも昼食を食べている食堂の若いアルバイトBさんだった。

Aさんは聞かれるやいなや「良い水の味は飲めば分かるので、ペットボトルのラベルに水の味を訴求するキャッチコピーを載せてはどうか。味の違いが消費者にしっかり伝わるように訴求することが必要である」と言った。

Bさんは少し考えて「水は一定レベルの味であれば特に違いなんて分からない。それよりも、飲んだ後のボトルの扱いに困る。特に野外、登山などで歩きながら飲んだらペットボトルは始末に困る。小さく折りたんでポケットに入れておけるなら自分は買う」と言った。

部長はBさんの意見を採用した。この飲料メーカーでは「小さく折りたためるペットボトル入り清涼飲料水シリーズ」が全国のコンビニで売れ、野外でお弁当を食べたり、トレッキングや登山などゴミ箱がない場所で飲まれたりする水としてのブランド価値を確立したという。

プロシューマーの成功要素

メーカーや卸、小売業者が売り手の論理で商品を開発しても消費者に受け入れられる時代は終わった。売り手側の都合で考えても、消費者は「自分が感じる体験価値、ベネフィット」で商品を選ぶ。

こういった時代だからこそ、事業者にとってプロシューマーのメリットは多い。まず消費者が欲しい商品を知ることができる。作り手は必ずしも自社商品を理解しつくしているわけではない。商品利用者の声から、商品に関する多くのアイデアを得ることができる。

もう1つはマーケティングだ。自分の意見が反映されたプロシューマーは、商品に愛着を持つ。これを友人に拡散し、その友人が別の友人に拡散し、SNSで話題になり、大手メディアに取り上げられる、という、商品告知のネットワーク効果が発生しやすい。

では、どのように、プロシューマーを使って自社のビジネスで成功ケースを作ればいいのだろうか。成功するためのポイントをまとめたチェックリストを作成した。これを使うことで、成功の可能性が高いプロシューマーを考えることができる。

チェックリストに沿って考えてみよう。プロシューマーは、自社のファンを集め、その人たちの「商品開発に参加したい。商品を育てたい」という気持ちを利用して、低コストで効果的な商品企画とマーケティングの双方を実現させる便利なビジネスの仕掛けである。ファンの声を聞き取るためには、動画やブログ、ホワイトペーパー、Web記事といった多様なコンテンツの提供や顧客調査、ソーシャルリスニングやインフルエンサー（社外協力者）の確保などが有効だ。

プロシューマーのチェックリスト　　出所：筆者

チェック項目	内容
①ソーシャルリスニングをしていること	SNSなどで消費者の声を聞いて商品の課題の把握と改善に生かす
②インフルエンサー（社外協力者）がいること	商品を使っている消費者の発信力を活用してSNSなどで商品を告知する
③消費者から商品アイデア収集、あるいは一緒に企画していること	商品の利用者の声を商品開発に生かす体制を構築する
④商品の顧客調査をしていること	開発した商品を市場に投入する場合に、消費者調査、顧客調査を行う（定量・定性）
⑤コンテンツを提供していること	以下のようなコンテンツを動画、ブログ、ホワイトペーパー（冊子）、Web記事にして提供する (1) 商品の正しい使い方 (2) 商品を使った生活に役立つアイデア (3) 商品を利用しているお客の声

現実にはこんな活用例が考えられる。

大手アパレル製造小売企業のプロシューマーの活用

ある大手アパレル製造小売企業は、オリジナルブランドの女性用バッグでプロシューマーを活用している。働く女性にとってバッグは悩みどころである。「軽くて丈夫」「派手過ぎないがファッション性は高い」「ノートパソコンが入る」などのさまざまなニーズがあるが、声にして伝えるのをちゅうちょする人もいる。

この企業は、自分のニーズに合うバッグを探し求める女性を募集し、プロシューマー集団にして商品企画に参加させ、オリジナルブランドのバッグを製造販売した。D2Cだけでのブランド展開である。

このブランドのバッグはプロシューマーを活用したSNSマーケティングで認知され、購入客がファン化して、次のプロシューマーになり、その人たちが新商品を企画するというネットワーク効果が生まれる。

▼大手アパレル製造小売企業のプロシューマーの活用

既存のバッグにペインを持つ女性を募集
⬇
オリジナルブランドのバッグの企画に参加
⬇
アイデアを反映したバッグの製造販売
⬇
企画に参加した女性がSNSで情報を拡散
⬇
次のお客が新たなプロシューマーになり、ネットワーク効果が発生この事例はアパレルのオリジナルバッグのケースだが、プロシューマーをうまく使えば、多くの事業者で、オリジナルで訴求力のある新商品や新サービスが実現でき、低コストのＳＮＳマーケティングが活用できる。プロシューマーは便利なビジネスの仕掛けである。

第5章

シェアリング／シェアリング×データ／IoTビジネス／既存資産転用

第5章はリアルビジネス＋デジタル、リアルビジネスに関連する4つのビジネスの仕掛けを取り上げる。具体的には、シェアリング、シェアリング×データ、IoTビジネス、既存資産転用である。

⓮ シェアリング

ビジネスの文脈で語られる「シェアリング」という言葉から、どういったものをイメージするだろうか。ある人はライドシェアリングのウーバーやフードデリバリーのウーバーイーツ、民泊マッチングのエアビーアンドビーなど世界の成功モデルを思い浮かべるに違いない。

ある人は地方自治体の地域ビジネス振興策としての古民家シェアリングや観光地駐車場シェアリングを思い浮かべ、別の人は雇用の新しいあり方としてスキルシェアリング、例えば、副業推進、専門人材の単位時間利用といった方法を考えるかもしれない。どれも間違いではない。

筆者はシェアリングの教え方は気を使う。「良いもの」として伝えるのか、「厄介なもの」として伝えるのか。立場によってシェアリングの捉え方が異なるからだ。

ある人にとってシェアリングは有効な問題解決策になるが、別の人にとっては自社のビジネスを破壊する厄介なものだと捉える。これが、シェアリングの面白いところである。実際にあったケースを抽象化し、ポイントを分かりやすくまとめたもので、良いものとしてのシェアリングを紹介する。

荷物の一時預かり場のマッチングで生き延びた喫茶店

ある有名温泉地の駅前に古い喫茶店があった。年老いた夫婦が経営していたが、食べ物もドリンクもメニューが少ないうえに、あまり洗練されていなかった。ある時、近所に大手の喫茶店チェーンが進出してきて、そちらにお客が流れ、経営が厳しくなった。

老夫婦はメニューを増やすなどの策を取ったが、お客は増えなかった。追い込まれた老夫婦は、どうすれば店を手放さずに済むかを親しい人に相談した。聞いた人は2人。1人は商店街の会長のAさん、もう1人は古くからの友人のBさんだった。

相談されたAさんは聞かれるやいなや、厳しめの表情で「若い人に貸して店をやってもらえばいい。そうすれば店を手放さずに済む。その代わり、あなたたち夫婦は引退する必要がある。このままでは店も働き口も失う」と言った。

Bさんは少し考えて、店の外に出て駅の方を指さし「駅前にはロッカーに入らない大きい荷物を預けたい人が大勢いる。喫茶店のスペースを荷物の預かり場所にすればいい。そうすれば夫婦は引退する必要がない。働きながら店を続けることができる」と言った。

老夫婦が採用したのはBさんの案だった。Bさんが考えたビジネスは「荷物置き場シェアリング」と呼ばれ、多くの駅前で場所を貸せる店と大きな荷物を預けたい旅行客のニーズにマッチし、人気になったという。大手喫茶店チェーンはこの事業に追随しなかった。置き場シェアでは喫茶ビジネスを超える収益が期待できなかったからだ。

シェアリングは「自社に良いもの」として使う

シェアリングとは、一般にモノや空間など共有することを指す。出し手（提供者）と買い手（利用者）を結び付けることをマッチングと呼ぶ。荷物置き場シェアリングの本質は荷物を置く空間の出し手と買い手を結び付けるマッチングビジネスという点にある。

シェアリングの概念は古くからあったが、地域の互助サービスに大半がとどまり、大きなビジネスにはならなかった。データとデジタルの活用によって低コストで規模が拡大できるようになったことで、シェアリングビジネスが勃興した。単に勃興しただけではなく、急拡大を続け既存ビジネスをディスラプトする存在も現れた。

ディスラプトされる側からすればたまったものではない。「ウーバーはタクシー業界や自動車メーカーのビジネス、エアビーアンドビーはホテルなど宿泊業界の秩序を破壊した」というのが、シェアリングを厄介なものとする人たちからの見方である。シェアリングは立場の違いによって良いものにも、厄介なものにもなる。

事業者にとっては厄介なものになることがあるシェアリングだが、別の立場、特に消費者からみれば往々にして欲しいモノやサービスを、必要な時だけ安価に使える魅力的な存在だ。利用者への訴求力が高いビジネスの仕掛けである。

荷物置き場の事例はシェアリングを良いものとして捉えやすいケースである。簡単には預けられなかった荷物に手軽な置き場を提供してペインを解消し、新規の市場を創出している。良いものだと感じる立場の人は老夫婦や置き場シェアリングを利用するお客である。利用客には重い荷物を置けるというベネフィットがあり、老夫婦には競合である大手喫茶店チェーンへの対抗手段となっている。

シェアリングはお客の満足度を高めることで自社が提供できる商品やサービス価値を向上させ、競合から顧客を守ったり、新規顧客を増加させたりする手段になる可能性を持つ。これに気付くか気付かないかが経営戦略に影響する。

筆者は誰でもシェアリングを活用できる力が必要だと考えている。厄介なものと考えるのではなく良いものにすること。それぞれの企業の経営戦略の手段としてシェアリングを使うことが重要である。

シェアリングの成功要素

では、どのように、シェアリングを使って自社のビジネスで成功ケースを作ればいいのだろうか。成功するためのポイントをまとめたチェックリストを作成した。これを使うことで、成功の可能性が高いシェアリングを考えることができる。

チェックリストに沿って考えてみよう。シェアリングで重要なの

シェアリングのチェックリスト　　出所：筆者

チェック項目	内容
①出し手（提供者）と買い手（利用者）の双方が価値を感じる商材やサービスであること	商品やサービスの出し手に価値があり、買い手にも価値がある 〈例〉使っていない駐車場を時間貸しして、安く使いたい買い手に提供
②出し手と買い手の双方とも金銭価値が高いこと	●出し手は普通だとお金にならないもの（自分が所有する、たまにしか使わないキャンプ用品を貸す　など）が収益になる ●買い手は、普通なら買わないもの（年に2回しか使わないキャンプ用品は安く借りたい　など）が安く使える
③買い手は使いたい時にだけ使えること	買い手は、使いたい時にだけ最低限の利用料で使える
④出し手は継続的な収益価値があること	自分の持っている資産を自分が使っていない時に継続的に収益化できる
⑤出し手と買い手の双方が面倒でないこと	出し手、買い手とも事務作業などが面倒でなく簡単にできる

は、出し手と買い手の双方が金銭面を含めて価値を感じられることだ。出し手は継続して提供できるもので、買い手は都合のいい時にだけ使いたい。これらを満たせばさまざまなものが対象になる。

例えば地方の空き家問題などをビジネスの仕掛けとしてのシェアリングで解決できる可能性がある。古民家や空き別荘、その庭を1泊単位で使える宿、あるいはキャンプ、グランピング（高級キャンプ）などのスペースとして提供する。利用者の価値を高めるサービスはほかにいくつも考えることができるはずだ。

シェアリングは、必要な時に必要なモノを必要なだけ消費者に提供できるサービスで、顧客体験価値を高める。最初から買うのではなく、まず使ってもらって利用価値を確かめてもらい、購入や利用につなぐ手段としても有効だ。

現実にはこんな活用例がある。

高級自動車メーカーのシェアリングの活用

ある海外の高級自動車メーカーは、自社の高級車の販売拡大にシェアリングを活用している。シェアリングは、自社の自動車の販売台数を下げる可能性があるが、このメーカーは、価格の高さを嫌って、同社製品を買うことがなかった消費者層にシェアリングで実際に体験し、価値を感じてもらって購買につなげるビジネス戦略である。

▼高級自動車メーカーのシェアリングの活用

高級車のシェアリングサービスの提供⬇
体験型消費×お試しマーケティングとしても機能⬇
価格だけで敬遠していた新しい顧客層の開拓⬇

シェアリングで体験した消費者層が購入

第3章で体験型消費×お試しマーケティングというビジネスの仕掛けを解説した。売らないショールームで高級車の販売拡大の可能性があると書いたが、シェアリングはデジタルを使って、さらにこの考えを一歩進めたものということもできる。

この事例は高級車だが、対象は自転車、別荘といったモノにとどまらない。土地勘のなかった分野の新規ビジネスを開始する際などに、スキルシェアリングを活用して必要な専門知識を持つ人材を確保したり、不動産の賃貸や購入なしの店舗シェアリングを使ったりするなど、さまざまな形で効率的なビジネスを実現できる可能性がある。

提供側にとっては余剰資産の活用だけでなく、自社商品やサービスの新規客拡大や既存客の満足度向上にも使える。シェアリングを自社のメイン商材と競合する厄介な存在と捉えるのではなく、実情を理解して、自社のビジネス戦略のどこで使えば自社商品やサービスの価値が高まるのかを考えることが重要である。

⑮ シェアリング×データ

「シェアリング×データ」とは、筆者が使う言葉で、シェアリングでデータを集めて活用するビジネスの仕掛けである。前節で説明したが、ビジネス文脈でいうシェアリングとは、自己の持つ資産（モノ、場所、スキルなど）を自分自身が必要としない場合に他者に提供し、対価を得るビジネスの仕掛けである。従来は使っていなかった、つまり価値を生み出していなかったモノから利益を生み出せるため、従来の相場と比べて低い対価でも取引が成立しやすいという特性を持つ。

データ活用の説明はあまり必要ないだろう。お客の購買記録データやし好に関するアンケートなどを取得し分析することで、お客が何を好むか、どのような商品を買いそうか、いくらまでなら払えそうかなどを予想し、これに合う商品・サービスをレコメンドするといったことに使うビジネスの仕掛けである。実際にあったケースを抽象化し、ポイントを分かりやすくまとめたもので紹介する。

あなたには小学生の子供がいて、その子の将来に備え「社会活動を経験させて人間性を高めたい」と思っている。どのような社会活動が良いかをネットで検索すると集団で行うキャンプ、ボランティア活動、旅先の人と交流する「一人旅」などがある。どれも良さそうだが、決め手がなくどうするか迷う。

これらのキーワードで再度検索し、見つけたサイトに会員登録した。互いに知らない子供だけの集団キャンプに参加した子の体験談、子供にボランティア活動をさせている親の感想、一人旅から帰って子供がたくましくなったと喜ぶ親子の写真、どの内容も興味深い。

最も気に入ったのは子供と親の満足度などのデータが充実していることだ。定期的に社会活動をしている子供や親のデータが数値化されてグラフで見られるようになっている。あなたが子供にやってほしい活動ごとに、いろいろな切り口でデータが取れ、レコメンドされるから選びやすい。

あなたは子供と相談のうえで一番推奨度が高いボランティア活動の半年コースを申し込んだ。データを提供したサイト会員の子供や親にはデータを提供した対価として次回の活動が割引になるポイントが付与される。これがシェアリング×データの事例である。

この事例で、データがどのように活用されているかは分かりやすい。どこがシェアリングなのか。シェアリングとは、自分で使っていない資産を生かす概念である。この事例では子供や親が満足度データをサイトに提供しており、これがデータのシェアリングといえる。

データをビジネスに生かすためには、まずデータの収集が必要だ。多くの企業は、データを自社で集めるか、外部で公開している、あるいは販売しているものを買うしかないと考える。これでは手間とコストがかかって気軽にデータを活用できない。

データを集めるためにシェアリングを使う。お客の感想や意見、満足度を数値化したデータは有効なマーケティングツールであるが、お客にとっては何かに使うものではない。シェアリングとデータ活用は相性の良い組み合わせである。実際にあったケースを抽象化し、ポイントを分かりやすくまとめたもので紹介する。

割引と引き換えに商品の評判を集めてスーパーに勝つ

ある町に小さな八百屋があって、市場で仕入れた野菜や近所の農家でつくられた野菜を売っていた。以前は近所を中心によく売れていたが、高齢化で昔なじみが減り、若いお客はスーパーマーケットの安い野菜を買うので、減ったなじみ客相手に細々と商売をする日々である。

この状況で、現店主の息子が後を継ぐことになった。息子はこのままでは先がないと思い、野菜以外の商品を売ってみたが、どれもうまくいかなかった。困った息子は、どうすればいいかを知り合いに考えてもらうことにした。聞いたのは2人。1人は大学時代の友人のマーケティング会社で働くAさん、もう1人は近所の兼業農家のBさんだった。

Aさんは聞かれるやいなや「野菜がどれほど体にいいか、データで示せば多少高くても納得感が高まる。データを買う必要があるが、必要な投資だ」と主張した。

Bさんは「うちの野菜を買う人は皆、無農薬で育てた畑の野菜は水分が多く、香りも味もスーパーで買うものとは全く違う、と喜んでいる。この声をデータ化し、それを使って売ればいい。お客にはデータをもらう代わりに少し割引すればいい」と主張した。

後継ぎの息子が採用したのはBさんの案だった。この八百屋は「とてもおいしい野菜を売る店」として、評判になり、全国から注文も入るようになった。息子は、さらにお客からのデータを集め、農家と消費者をマッチングするサイトを運営する会社を興し、大きくしたという。


データをうまく使うことで買い手に価値を訴求できても、データの取得に高いコストがかかるようでは、ビジネスが長続きしない確率が高い。データを安く継続的に入手するためのシェアリングの使い方を理解すべきである。お客にとって何かを生み出すわけではない「声」を無理ない対価で利用させてもらうのだ。

シェアリング×データの成功要素

では、どのようにシェアリング×データを使って自社のビジネスで成功ケースを作ればいいだろうか。成功するためのポイントをまとめたチェックリスト（次ページ）を作成した。これを使うことで、成功の可能性が高いシェアリング×データを考えることができる。

チェックリストに沿って考えてみよう。企業の都合でデータを集めようとしても、消費者はデータを提供してくれない。シェアリング×データを活用するためには、データを継続的に消費者に提供してもらえる社会的意義やインセンティブが必要だ。簡単に提供できるもので、企業にとってはマーケティングに活用できるものでなければならない。

現実にはこんな活用例が考えられる。

気象予報会社のシェアリング×データの活用

地域、時刻ごとの気象予報のデータを企業に販売するビジネスを手がける気象予報会社があった。アイスクリームやビール、野外遊園地、イベントなど天気や気温で売り上げが左右される商品やサービス型商材は多く、引き合いは多かった。

気象予報は外れることも多い。精度を高めるためには、地域、時刻ごとの気象情報の定点観測が有効だ。ただ実現しようとすれば、全国のできるだけ多い測定ポイントにセンサーを設置して自動観測したり、人を雇って観測したりしなければならないので、多大なコストがかかる。精度が上がっても、コストがかかれば収益は減るというジレンマがあった。

困った社長はコンサルタントに相談した。いくつかの手段を紹介され、組み合わせればコストをあまりかけずに、データを収集できる可能性があるという。社長は半信半疑だったが、ほかに手もないので信じて実施することにした。すると本当にデータが安く収集できた。

シェアリング×データのチェックリスト　　出所：筆者

チェック項目	内容
①マーケティングに活用できる、商品の価値を上げるデータであること	•お客の商品に対する満足度、役立つ利用方法などマーケティングに有用なデータ •危険な交差点位置情報、安全に有用なデータ　など
②データの出し手が、簡単に提供できること	•スマホで簡単なアンケートに答える •位置情報を自動的に送信する　など
③データの出し手にインセンティブがあること	データを提供するとポイントがたまり、商品の割引に使える　など
④継続的にデータを収集できること	継続的にデータを提供してくれた人に、商品を贈ったり、ボーナスポイントを付与したりする継続インセンティブがある　など
⑤データを出すことに社会的貢献があること	提供することで、商品が良くなったり、他のお客のためになったりするという社会的意義があると思ってもらえる　など

コンサルタントのアドバイスは「個人向けに天気予報アプリの無料版と有料版を提供すること。無料版の会員に、居住地の天気のデータを一定の時刻ごとに投稿してもらい、対価としてポイントを付与すること。ポイントを使うことで有料版のコンテンツも利用できるようにすること」というものだった。

▼気象予報会社のシェアリング×データの活用

全国の会員向けに無料で使えるアプリを提供
⬇
ポイントを付与し自宅付近の気象情報の投稿を促す
⬇
有料コンテンツを使えるインセンティブ
⬇
コストをかけずに全国から高精度のデータを収集

データをうまく使えば価値になるが、高いコストで購入したり、自社で手間をかけて収集したりしているとビジネス効率が悪くなる。シェアリングの特性を生かし、安価に有用なデータを集めることで、顧客価値を高めることができる。

⑯ IoTビジネス

IoTとは、「インターネット・オブ・シングス（Internet of Things）」の略であり、一般に「モノのインターネット」と呼ばれる。機器、さまざまなモノに取り付けられたセンサーがデータを自動的、定期的に取得し、それらのデータが機器同士で相互にやりとりされ、これにより機器運行を自動制御できるなどのメリットがある。

ＩｏＴと聞いて、何を思い浮かべるだろうか。ある人は工場にある機器の内蔵センサーから取得した稼働データの活用を想起し、ある人は車に内蔵されたセンサーで得た運行状況を使った自動運転をイメージするだろう。しかし、この後が続かない。

ＩｏＴが世の中に出てきた頃、「ＩｏＴはビジネスを改革し、大きなイノベーションをもたらす」と騒がれたが、それから年月がたった今でも多くはＩｏＴがよく分かっていない。具体的にはこんな感じではないだろうか。

あなたは、ネットでビジネス記事を読んでいる。記事には、「IoTセンサーのプラットフォームをA社が提供開始。現在使っている機器にセンサーを外付けできるので、あらゆる工場をIoT化でき、製造業の高度化が期待できる」と書いてある。

しかし、製造業に携わっていないあなたには、記事の意味やすごさが分からない。専門家が言っているのだからすごいとは思うが、何がすごいのかと思いながら別の記事を読む。これが多くの消費者から見たIoTの現実である。

ＩｏＴは単に工場の機器を、人手を減らして自動運用させるだけのものではない。ＩｏＴを組み込むことで、自社商品やサービスの価値を高め、お客のペインを解消する価値を創出可能だ。

ビジネスの仕掛けとして生かしたＩｏＴを、技術の総称と区別して筆者は「ＩｏＴビジネス」と呼ぶ。実際にあったケースを抽象化し、ポイントを分かりやすくまとめたもので紹介する。

ブルドーザーのIoT化で建機のプラットフォーマーへ

ある建設機械（建機）メーカーがブルドーザーを製造販売していた。ブルドーザーは山の中などで稼働させることがある。故障した場合は保守担当者が現場に行く必要があり、修理に時間がかかってしまう。その間、建設作業がストップするので、短時間で修理できる体制が顧客から求められていた。

この建機メーカーは全国に多くの修理拠点を持っておらず、修理に時間がかかることからブルドーザーの販売が伸びなかった。性能自体は他社に負けていなかったが、修理が遅いので失注が続いた。なんとかしなければと思った社長は、社員にどうすれば売れるかを考えてもらうことにした。聞いた社員は2人。1人はブルドーザーの保守担当のAさんで、もう1人はブルドーザーの製造工程でテストを担当するBさんだった。

Aさんは「早く修理するためには、全国に修理拠点を増やすしかない。コストはかかるが、売れなければ意味がない。だから、多くの修理拠点や優秀な保守人材を増やすべきだ。故障後の素早い修理こそが価値である」と主張した。

Bさんは「そもそも故障しないようにすればいい。ブルドーザーにセンサーを付けて、稼働状況を監視し、故障の予兆がある部品を事前に交換すべきだ。故障させないための事前監視と予防保守こそが価値である」と主張した。

社長が採用したのはBさんの案だった。このメーカーは、ブルドーザーだけでなく、あらゆる建機にセンサーを内蔵、稼働状況の監視や予防保守ができるようにし、世界に販売した。結果、世界規模のセンサー付き建機メーカーに成長し、「建機のプラットフォーマー企業」と呼ばれたという。

建設現場には多くのペインがある。予定通りに進まない工事、現場での想定し得ない事故、思いもしなかった機器の故障、予定外の燃料不足、作業員の不慣れによる生産性悪化などだ。これらのペインをセンサーとデータ分析で解決することこそ、IoTの意義である。

IoTビジネスの成功要素

では、どのようにIoTビジネスを使って自社のビジネスで成功ケースを作ればいいだろうか。成功するためのポイントをまとめたチェックリストを作成した。これを使うことで、成功の可能性が高いIoTビジネスを考えることができる。

チェックリストに沿って考えてみよう。IoTビジネスでは、「データを活用し、どのようなビジネスを実現するか」という発想が重要だ。実現できることに社会的意義があり、利用者、事業者の双方にメリットがある時、IoTはより有用なビジネスの仕掛けになる。

IoTビジネスを、センサー、データ連動、クラウドサーバー、データ通信というデジタルだけで考えてしまうと成功しない。

IoTビジネスのチェックリスト

出所：筆者

チェック項目	内容
① 商品に内蔵されたセンサー、または外付けセンサーやその他の仕組みでデータを自動的に取得できること	商品の価値を高めるデータを定期的に取得できる。建設機械やタクシーなら稼働データ、スポーツ用品なら運動データ　など
② データで使って得られる商品価値に社会課題解決の要素があること	データを生かすことで、商品に健康、安全、効率化、環境に良いなどの価値が付加でき、多くの人に共感される
③ 利用者にメリットがあること	● 利用者が楽になる、苦痛がなくなるなどのメリットがある ● 継続的に使いたくなる
④ 事業者にメリットがあること	事業者にメリットがある 〈例〉生産性が高くなる、代替で減らせるコストや時間がある　など
⑤ データを継続的に使うことで、さらに価値が高まること	継続的にデータを取得、または新しいデータが追加されることで商品価値が高まる。 〈例〉継続利用で良くなる、うまくいかないケースの根絶に使える　など

自動的に継続して収集したデータで、利用者や事業者のペインを、データを使ってどのように解消するかというビジネスの価値創造の観点が重要だ。

現実にはこんな活用例が考えられる。

紳士服メーカーのIoTビジネスの活用

ビジネススーツを主力に事業を展開していた紳士服メーカーがあったが、コロナ禍で在宅勤務者が増えたことで、売り上げ不振に陥った。困ったこの会社は、工事作業用ウエアに進出することにした。しかし、市場にはライバルが多く、これまでの同社のノウハウで勝つのは難しかった。まずは足元からということで、この会社の社長は建設工事を行っている企業と作業員に「何に困っているか」を聞くことにした。つてを頼って毎日いろいろな現場や建設会社を訪ね、何が価値になるかを考えた。

話を聞いて「これだ」と確信した社長が、ある提携先と商品を開発し自社サイトで販売したところ、全国の建設会社から問い合わせが殺到したという。社長はどうしたのか。「自社のオリジナル作業用ウエアにセンサーを内蔵して、脈拍や体温のデータを取得し、熱中症や低体温症の兆候を検知したら作業員への警告と管理者への指示を行う機能」を付けたのだった。作業ウエアは、単に着心地や動きやすさ、軽さだけが価値ではない。健康問題や作業安全問題という作業者や事業者のペインの解消は大きな価値だった。

▼紳士服メーカーのIoTビジネスの活用

ビジネススーツの販売不振打開で工事作業用ウエアに進出⬇

ニーズをヒヤリングしセンサーでウエアをIoT化⬇
健康と安全管理のために脈拍や体温のデータを取得⬇
予兆があれば警告し、問題を起こさないように指示⬇
作業員の健康と安全を確保

この事例は建設現場の健康管理・安全管理のケースであるが、ＩｏＴでペインを解消するビジネスは多岐にわたる商材の価値を高める可能性が高い。ＩｏＴビジネスはデータを使ってペインの解消を実現することで、大きなビジネスの創出が期待できる。

⑰ 既存資産転用

「既存資産転用」は筆者が使っている言葉で、企業が「既存ビジネスに使っている有形・無形の資産を転用して、既存または新しい市場向けに新しいビジネスを行うもの」を指すビジネスの仕掛けである。例えば、工事作業用品を製造販売するワークマンは、作業用衣料品の機能性と低価格性という既存資産をアウトドア衣料市場の特に若い女性向けに転用し「ワークマンプラス」や「ワークマン女子」という新たなコンセプトの店舗を立ち上げた。

同社に限らない。ビール醸造会社が既存資産である酵母技術を健康食品に、釣り具メーカーが耐水性素材という資産を梅雨時期のファッション衣料に、ボディーメイキングプログラムを提供するスポーツジムが「結果にコミット」を実現する資産を英語検定のスコアアップやゴルフの上達に転用するなど適用範囲は広い。

全く新しい技術を新規開発し新市場に進出するのはリスクが大きい。それよりも既存ビジネスで得た技術力、ノウハウ、顧客データ、販売チャネル、特許などの資産を生かし、新しいビジネスに活路を見いだす方が成功の確率は高くなる。これが既存資産転用の意義である。

既存資産転用の成功ケースの1つに、既存ビジネスで使っている資産を、必要とする他社に提供するものがある。多くの場合、自社で必要なものは、競合でも必要だからである。DXやデジタルビジネスでは特に重要だ。実際にあったケースを抽象化し、ポイントを分かりやすくまとめたもので紹介する。

ピーク時以外の余剰システム資源販売がクラウドに

ある国にインターネットで本を売るECサイトがあった。最初はリアル書店との差別化に苦しんでいたが、送料無料、翌日配達などお客にとって価値のある制度を整備していくうちに利便性を認知されるようになって、売り上げが増えていった。

利便性が高まったのでお客は他の商品もそろえてほしいと言うようになった。本以外の商品も販売するようにしたところ、お客はネットで多くの商材を買うようになり、世の中で評判になってさらに他のお客や商材を呼び込むネットワーク効果が発生し、お客と注文が急拡大するスパイラルに入った。

トランザクション（取引）量が増えた結果、ECサイトの商品検索や注文処理の処理速度が悪化し、お客の苦情が多くなった。注文のピークに対応できるサーバーなどシステム資源の増強が必要となり、コストを圧迫して収益が下がった。

困ったECサイトの経営者は、どうすればビジネスを拡大しながら収益性も向上させられるかを考えたが、良い考えが浮かばなかったので社員に考えてもらうことにした。聞いた社員は2人。1人はベテラン社員Aさん、もう1人は中途採用した社員Bさんだった。

Aさんは「収益は重要なので、システム資源コストは抑えるべきである。お客の使い勝手が悪いのはある程度は仕方がない。事業の収益性を確保するため、サーバー資源を減らしてコストダウンをすることが必要だ」と提案した。

Bさんは「収益は重要なので、システム資源コストは抑えるべきである。ただしお客の使い勝手が悪いのはダメだ。だからシステム資源は増強する。ピーク時以外に余る分に関しては、同じように資源問題で悩む同業のECサイトなどに販売して、コストの問題を解決すればいい」と提案した。

経営者は、Bさんのアイデアを採用することにした。これは「クラウドコンピューティング」と呼ばれ、自社でサーバー資源を持ちたくない、または運用する人材を持ちたくない企業のニーズを捉え、世界中で使われる「コンピューター資源シェアリング」のビジネスモデルになったという。

既存資産転用の成功要素

では、どのように、既存資産転用を使って自社のビジネスで成功ケースを作ればいいだろうか。成功するためのポイントをまとめたチェックリスト（次ページ）を作成した。これを使うことで、成功の可能性が高い既存資産転用を考えることができる。

チェックリストに沿って考えてみよう。自社が時間をかけて構築してきたビジネス資産を、競合に提供するのは、「敵に塩を送るのと同じではないか」と思う方がいるかもしれない。相手にとって必要であり魅力的なものを、自社開発するよりも安価に、わざわざ継続して提供するのだから、こう思うのも当然だろう。

価値があればどういった既存資産でも競合相手に提供しようというのではない。競争力の源泉にはならない領域の資産を提供する。共同利用することでコストが下がり、業界全体、つまり自社にもメリットが生じる可能性もある。

既存資産を他社に売ることも立派なビジネスである。現実にはこんな活用例が考えられる。

中堅銀行の既存資産転用の活用

支店数も預金量も少ないので、積極的に投資ができないという課題を抱えた中堅銀行があった。支店数が少ないと顧客接点を増やそうとしても限界があるので、デジタルを使って、既存顧客や新規顧客獲得をスマホに集約しようとこの銀行は考えた。

しかし、投資額を考えると実行は難しい。困った頭取はコンサルタントに相談した。いくつかの手段を紹介され、組み合わせればデジタルを使って顧客接点を増やし、支店の少なさを補え、投資の回収も早期にできる可能性があるという。頭取は半信半疑だったが実施することにした。すると本当に実現できた。

コンサルタントのアドバイスは「使いやすく、デザインの優れたスマホ

既存資産転用のチェックリスト　　出所：筆者

チェック項目	内容
①販売する既存資産が他社に必要となるものであること	商品企画、製造、物流、販売など、企業のビジネスを構成する要素であり、他社にとって買うに値するものである
②販売する既存資産が他社には魅力的であること	他社が「自力構築よりも買う方にメリットがある」と思うような機能性、品質である
③販売する既存資産が他社には非競争領域と認識できる部分であること	他社が「コア部分でない非競争領域の部分であり、外部から調達しても大きな問題ではない」と思うものである
④販売する既存資産が、他社に適用しやすいこと	他社が、自分のビジネスに比較的簡単に適用できること（新しいノウハウや大きなシステム投資を必要としない）
⑤販売する既存資産が他社にとってコストメリットがあること	他社が、「自力で構築するよりも買った方が安い」と思うような価格メリットがある

アプリを作ること、既存顧客や新規顧客に使ってもらい、利用者の意見を反映させてさらに使いやすいスマホアプリにブラッシュアップすること、これを広く世の中に告知して認知させること、他の銀行にも販売して投資を回収すること」というものだった。

▼中堅銀行の既存資産転用の活用

店舗ではなくデジタルで顧客接点拡大を決定⬇
使いやすい、デザイン性の高いスマホアプリの提供⬇
顧客に使ってもらいブラッシュアップ⬇
広く世の中に告知して認知を高める⬇
他の銀行に販売し投資を回収

自社で持つ既存資産を他社に提供し収益を得る既存資産転用では、自社の資産は何か、競争力があるのはどこか、どの企業に提供をすればいいかを考えることが成功要素になる。実現すればビジネスの幅が広がる。

データリテラシーとデジタルリテラシーのリスキリング

DXビジネスにかかわるビジネスリテラシー、データリテラシー、デジタルリテラシーの3つのリテラシーのうち、最も重要なビジネスリテラシーは、本書を熟読し、17のビジネスの仕掛けの知識とスキルを学んで、繰り返しビジネス発想をすることで身に付けることができる。このコラムでは、残るデータリテラシーとデジタルリテラシーのリスキリングについて紹介する。データリテラシーとデジタルリテラシーでは、何をリスキリングするのか。データ、デジタルは広範な概念であり、何から手を付ければいいのか分からないという事態に陥りやすい。

迷ったら顧客体験価値を起点に考える。ここからスタートすれば、まずリスキリングすべきデータに関する知識、スキルが分かる。筆者が勤務している住友生命を例に、リスキリングが必要となった知識、スキルを紹介する。住友生命と同様にB2C、B2B2C向けビジネスを展開する企業であれば、業界を問わず当てはまる内容なので、参考にしてほしい。

データリテラシーの初めの一歩

データリテラシーから考えよう。データといえば関連してAIと聞くことが多いので、とりあえずAIに関する書籍などを読みあさるところから始め、次にAIを使って何ができるのかを発想しようと考えるかもしれない。発想自体はいいのだが、データもデジタルも手段であることを忘れてはいけない。

DXビジネスでは、提供するサービスの顧客体験価値を継続的に高めることが重要である。このためにデータを用いる。顧客の行動データ（リアルで得た接点情報をデータ化したものを含む）をデジタルで蓄積、分析することで、利用する顧客の特性や関心分野の特定、サービスの利用導線の課題の特定など顧客理解の解像度が高まる。

▼データリテラシーの初めの一歩として役に立つ知識・スキル
- 顧客一元管理（ＣＲＭ）
- 行動データ（ボタン操作、Ｗｅｂ回遊履歴、Ｗｅｂ滞在時間、属性情報、サービス利用履歴、購買履歴、決済履歴など）分析
- デジタルマーケティング

※紙面の都合上、詳細には触れることができないので、分からないものがあれば、ぜひスマホで調べてほしい。

以前から製造業では、商材の製造ラインの各工程で、センサーデータを基に作業工程を改善している。同様にＤＸビジネスでは顧客の行動データをデジタルで分析し、より高い価値を提供する。ＤＸ企画・推進の担当者は必要なデータをあらかじめ取得できるシステムの設計が求められるので、初めの一歩として前述の知識、スキルを身に付けるよう推奨している。

住友生命でも、以前は顧客情報が一意のキーによってひも付いておらず、顧客体験が分断され、行動データを取得していなかったり、取得しても他のデータとひも付いていなかったりする状態だった。デジタル案件を推進するなかで、住友生命と接点を持っている顧客の情報のひも付けと一元管理は、顧客体験価値を高めるために欠かせないものとなっている。

データサイエンスで生み出すデータの価値化

ＤＸビジネスにおけるデータの神髄は、データの価値化にある。データの価値化とは、自社で保有するデータを基に、デー

タサイエンティストが中心となって分析し、価値のあるコンテンツを生み出すことを指す。自社オリジナルの価値であり、他社との差別化を図るコンテンツとなる。

住友生命では、住友生命Vitalityに加入している顧客に、入院リスクを健康スコアとして数値化した「Vitality健康レポート」を提供している。顧客に毎年提出してもらう健康診断書データと、住友生命で長年蓄積してきた保険金の支払データなどとかけ合わせ、入院リスクを判定するAIのモデルを作って実現したものだ。顧客から一方的にデータを取得するだけでなく、価値を付加して還元することで満足度が高まり、利用が継続してさらにデータが蓄積すれば、AIを使った予測モデルの精度が高まり、新たなデータの価値化の創出につながるという好循環を実現した例である。

DX企画・推進担当者に関していえば、以前からデータサイエンティストだったという場合を除けば、データ分析手法、機械学習（ML）、ディープラーニングといった技術スキルよりも、価値化したコンテンツをどう自社サービスに組み込むかといった顧客体験設計や、コンテンツを他社にライセンス販売して、継続的に他社からライセンス料を受け取るといったビジネスの仕掛けを絡めた発想力を、リスキリングによって身に付けることがより重要だ。

デジタルリテラシーの初めの一歩

ここからは、デジタルリテラシーの初めの一歩としてリスキリングするといいデジタル関連の知識、スキルを紹介する。こちらもB2C、B2B2C向けビジネスを展開する企業であれば、業種、業界を問わず当てはまる。

DXビジネスでは、創出したサービス（システム）をローンチした後も高い頻度で改善、改修、機能拡張を繰り返す。従来型のビジネスでは、全てのシステムをスクラッチ（自前）で開発することが多く、パッケージソフトを導入する場合でも、日本では自社の業務に合わせるためのカスタマイズを多用する傾向にある。スクラッチやカスタマイズを否定するものではないが、DXビジネスでは、工期やコストが見合わないことが多い。

ここ十数年のデジタルの進歩は目覚ましく、あらゆる機能がコモディティー化され、SaaSやWeb APIとしてサービスの形で提供されるようになっている。自社の競争力のコア（核）とならない機能にこれらを使うことで、短期かつ安価にシステムを構築できる。自社のコアとなる機能もクラウド環境でマイクロサービスとして疎結合で構築することで、アジリティーを担保できる。こうすれば、顧客からの反応やフィードバックを基に改善、改修を繰り返してサービスを少しずつ育てる、スクラムを代表としたアジャイル開発プロセスの採用も可能になる。

▼デジタルリテラシーの初めの一歩として役に立つ知識・スキル

- SaaS／Web API／外部サービス連携
- クラウド（AWS／Azure／GCP）
- マイクロサービス（分散疎結合）
- アジャイル開発

※紙面の都合上、詳細には触れることができないので、分からないものがあれば、ぜひスマホで調べてほしい。

住友生命でも、住友生命Vitalityの開発以降は、外部サービスを利用することが多くなった。DXシステムにうまく外部サービスを組み込むためには、どのような外部サービスがあるのか日ごろから情報収集し、引き出しを増やしておくことも必要となる。

これらの知識、スキルをリスキリングによって身に付けておけば、DX企画・推進を担当するにあたって、いきなりつまずく可能性は低い。

第3部

ビジネスの仕掛けを身に付ける

第6章

9つの演習問題で実践

第2部までで、DXを実現するためにまず知るべき17のビジネスの仕掛けを示した。知ることは重要だが、使いこなせるようになればさらにDXを進めるうえでの大きな武器になる。

第3部では、ビジネスの仕掛けをどう実際のビジネスに落とし込んでいくのか、チェックリストを利用した演習問題形式で考えていきたい。取り上げるのはオンライン化、オンラインマッチング、ネットワーク効果、コンテンツマーケティング、ファンマーケティング、プロシューマー、D2C、D2Cサブスク、IoTビジネスの9つである。

ビジネスの仕掛けの中でも、よく実際のDXで用いられているもので、これから導入する企業でも取り入れやすく、効果の高いものを選んだ。第1部、第2部の復習にも役立つ内容としており再度、第2部までの内容を読み込むことで演習問題に回答しやすくなるはずだ。

演習問題には全て筆者による模範解答を付けている。唯一絶対のものだとは考えず、発想力を高めビジネスの仕掛けを実践するためのヒントとしてもらえればいい。

演習問題1
オンライン化

最初の演習はオンライン化をどう実際のビジネスに落とし込むかだ。学習塾を例に考える。

企業の状況

上杉塾《うえすぎじゅく》（仮名）は、大学受験対策塾である。上杉塾の商圏は教育の盛んな地域であり、昔から多くの学習塾があった。大学受験で高い合格率を売りにしてきた上杉塾は多くの受験生と保護者の関心を集めてきたが、少子化による大学受験人口の減少に加え、競合相手である大手予備校が駅前という立地の良さを訴求して受験生を集客し始めたことで、駅前から遠く立地が悪い上杉塾の塾生の数は伸び悩むようになり、経営が厳しくなった。

上杉塾の教材や合格メソッドの評判は高く、知名度があってブランド力もあるものの、教室が3カ所しかないのでビジネスの規模が小さく「規模の経済」が働かない状況である。創業者の上杉氏は教師として長年、高校3年生の大学受験対策担当を経験していたが、50歳で独立し個人で上杉塾を始めた。上杉塾は受験生に寄り添う多くの教材やサービスがあるが、最大の価値は教え方である。上杉塾には「まずは自分で考えて、分からないところを聞くことで身に付く。だから、はじめから教えない」をポリシーとした独自メソッドがある。上杉氏は、このメソッドの達人だった。絶妙な声かけで受講生の気持ちを高揚させ、自主的に勉強させる能力にたけており、多くの難関大学合格者を輩出してきた。しかし上杉氏が引退した後、このメソッドを使いこなせる講師は数人しかいない。

メソッドをのぞけば、上杉塾の教え方はごく一般的なもの。どうすれば大手予備校との競合に勝ち抜けるだろうか。

問題解決、DXの方向性

このケースのポイントは、差別化できる価値を生かすことと経営効率を高めることである。経営効率に関していえば、全国に商圏を広げ、全国の受験生を相手にすると売り上げは向上する。しかし、教室を全国の立地の良い場所に作り、講師を増やせばコストが高くなる。講師の質も問題だ。全国から優秀な講師を集められるとは限らない。全国に教室を作り、講師を増やす方法は現実的ではない。

活用するビジネスの仕掛け＝オンライン化

ここで考えたいビジネスの仕掛けがオンライン化である。スマホやPCで使えるオンライン会議システムを使い、上杉塾の講師が全国に拡大した商圏の受験生にオンライン講義や、講義のアーカイブ配信を行う。これなら、上杉塾の講師が数人しか使いこなせない「はじめから教えないメソッド」という価値を全国に提供できるし、教室も講師も増やす必要がない。

具体的にはどのようにオンライン化に取り組めばいいのか。チェックリストを使うことで、オンライン化によって消費者に訴求できる学習塾の商材価値を考えることができ、商材に競争力を持たせることができる。

ここからが演習問題だ。学習塾を対象とするオンライン化のチェックリストを用意したので、チェック項目のそれぞれについて、DXを成功させるために学習塾の場合はどういった条件を満たすべ

学習塾を対象としたオンライン化のチェックリスト　出所：筆者

チェック項目	内容	解答記入欄
①全国の客を相手に拡大できるビジネスであること	地域限定ビジネスではなく、全国の客を相手に広くビジネスが展開できる	
②オンラインで価値を提供できること	文字、会議ツール、動画、静止画、双方向の会話などによるオンラインコミュニケーションで、リアルでなくても顧客価値を提供できる	
③差別化できる特徴のある商品、サービスであること	リアルでなく、オンラインで提供しても選ばれるだけの差別化された価値、オンリーワンの強みがある	
④オンラインだけで完結できること	料金の支払いなどが、オンラインで完了し、面倒なリアルの手続きがない	
⑤データが取得でき、価値提供に利用できること	データを取得しやすく、そのデータを使って価値が提供できる	

きなのかを考え、チェックリストの一番右側の空白部分を埋めてほしい。

制限時間は60分とする。試験官がいるわけではない。先に模範解答の書いてあるチェックリストを見ることもできるが、立ち止まって読むのをやめ、真剣に演習問題に取り組んでほしい。ビジネスの仕掛けを理解し、ビジネスの発想力を高める格好の場になるはずだ。

オンライン化のチェックリストの模範解答

どうだろうか。そんなことを言われても学習塾のことなど分からないと思われるかもしれない。であれば第1部を思い出して、すぐに分からないことをスマホで検索して調べてほしい。DXのためのリスキリングは自らが知らないことを理解し、調べるところから始まる。

筆者の考える模範解答を埋めたチェックリストを以下に示す。続く文章を含め演習問題を完成させてから読んでほしい。

学習塾の価値は「分かりやすい、成績のあがる講義などの学習コンテンツや講師とのコミュニケーションや同じ志望校を目

学習塾を対象としたチェックリストの模範解答

出所：筆者

チェック項目	内容	解答記入欄
①全国の客を相手に拡大できるビジネスであること	地域限定ビジネスではなく、全国の客を相手に広くビジネスが展開できる	•受験生や授業補完としての学習ニーズは全国規模であり全国が商圏になる
②オンラインで価値を提供できること	文字、会議ツール、動画、静止画、双方向の会話などによるオンラインコミュニケーションで、リアルでなくても顧客価値を提供できる	•優秀講師の講義のリアルタイム配信 •過去の講義のうち、人気があった講義アーカイブのオンデマンド配信　など
③差別化できる特徴のある商品、サービスであること	リアルでなく、オンラインで提供しても選ばれるだけの差別化された価値、オンリーワンの強みがある	•担当講師への質問と回答が双方向でできるサービス •同じ大学を目指す受講者同士のコミュニティーSNSサービス　など
④オンラインだけで完結できること	料金の支払いなどが、オンラインで完了し、面倒なリアルの手続きがない	•スマホだけあれば、場所と時間を問わない。スマホで申し込み、解約できる。受講料は保護者のスマホでカード決済などができる、など
⑤データが取得でき、価値提供に利用できること	データを取得しやすく、そのデータを使って価値が提供できる	•志望校のデータと受講者の成績データ、講義受講履歴データをAIで分析し、弱点指摘や学習法アドバイスする、など

指す仲間による励まし合い」であり、「教室数がどれだけあるか、教室がどれだけ駅から近いか」ではない。

訴求力のある教育コンテンツの価値をオンライン化して、場所と時間を問わない学習サービス、たとえば優秀講師が行う講義のリアルタイム配信、アーカイブ配信、AIで分析した学習教材レコメンド機能などのコンテンツを提供すればいい。

競争力のある教育サービスを、どの場所でも、スマホで手軽に受けることができれば、講師の数や教室の数、規模に影響されずにビジネスは拡大可能であり、商圏が全国、場合によっては世界に広がる。

以上のようなチェックリストの検討を経て、最終的には以下のような経営改善の企画をまとめればいい。

最終的なDXのプラン

上杉塾のオンライン教育事業による経営改善策について

1. 企画概要

上杉塾の強みである「はじめから教えないメソッド」をオンライン商材化し、全国の受験生に提供する。

2. 具体的内容

上杉塾のはじめから教えないメソッドに関係する教育商材をオンライン化し、データ分析などを駆使して、保護者にとっても使いやすいものとする。

(1) 教育教材のオンライン化

- 優秀な講師の講義のリアルタイム配信
- 過去の講義のうち、人気があった講義アーカイブのオンデマンド配信　など

(2) 講師への質問、コミュニケーション、受験生同士のコミュニケーション

- 担当講師への質問と回答が双方向でできるサービス
- 同じ大学を目指す受講者同士のコミュニティー SNSサービス　など

3. データとデジタルの活用

(1) Webシステム、スマホアプリでの教育提供・管理機能

- PCやスマホさえあれば場所と時間を問わない。スマホから申し込み、解約などができる
- 受講料は保護者のスマホでカード決済などができる　など

(2) AIを活用したデータ分析の利用

- 志望校のデータと受講者の成績データ、講義受講履歴データをAIで分析し、課題を指摘したり学習法をアドバイスしたりする　など

以上

演習問題2

オンラインマッチング

本節はオンラインマッチングをどう実際のビジネスに落とし込むのかの演習だ。家電販売会社を例に考える。

企業の状況

村外電器《むらそとでんき》（仮名）は、東京郊外で創業し、この地域を商圏にする家電販売会社である。高度成長期にニュータウンが造成され、住民が一気に増えたことで、テレビ、クーラー、冷蔵庫などの家電需要が高まり、売り上げを伸ばした。だがその後、少子高齢化による地域の人口減少による家電需要の落ち込み、大手家電量販店の出店、家電ネットショップの台頭などにより、店舗数や価格競争力で劣る村外電器の業績は伸び悩むようになった。地元では知名度があり、アフターサービスの満足度は高いが、全社で数店舗という規模の制約もあってビジネスが拡大しない。

創業者の村外氏は元大手家電メーカーの技術者で、家電製品の設計や修理を長年経験し、45歳の時に独立し村外電器を設立した。この経緯から、同社は家電の機能・構造に詳しく、お客に寄り添うサービスを多く手掛ける。最大の強みはアフターサービスの自社修理と家電クリーニングだ。

特にエアコンのクリーニングは安くて質が高いと評判である。エアコンは湿気によるカビなどで冷却効率が下がる。適切にクリーニングすることで冷却機能が回復する。

しかし、現在はエアコンクリーニングを依頼する客が減少し、コスト割れの状態で担当組織を維持するのも困難だ。止めるべきだとの声も社内で挙がっている。

どうすれば村外電器は販売不振から脱却できるだろうか。

問題解決、DXの方向性

このケースのポイントは、経営効率の悪さをどうとらえるかということだ。家電はどこでも同じ商品が買える。違いは商品説明の丁寧さや価格の違いしかない。すぐに顧客に伝わるのは価格だろう。

価格を下げるための手段は2つ。規模を拡大して販売数量を増やして価格交渉力を高め、メーカーからの仕入れ値を下げるか、ネット通販などで人件費や店舗運営コストを減らして、低価格でも利益が出るようにするかである。合併する家電量販店が後を絶たないのは、規模の拡大によって価格交渉力を高めるためだ。

村外電器が単体で規模を拡大するのは現実的ではない。ネット販売は1つの手段だが、多くのライバルが存在する。差別化要因が価格だけでは価格競争に巻き込まれる。

村外電器の価値を生かす戦略を考えるべきだ。具体的には修理やエアコンクリーニングの価値を生かす。確実なニーズがあり、他社にないノウハウを持つからだ。ただし商圏の制約は残るし、家電販売の不振は解決しない。規模拡大は難しい。

活用するビジネスの仕掛け＝オンラインマッチング

ここで考えたいビジネスの仕掛けがオンラインマッチングである。自社でエアコンクリーニングのサービスを提供するだけでなく、エアコンクリーニングのマッチングビジネスをスタートさせる。

手数料を得るだけでなく、マッチングの過程で得た顧客情報を生かし、ネットで家電を販売するビジネスモデルを模索する。エアコンクリーニングのノウハウで差別化できるから、単にネット販売を開始するのに比べて、有利な状況でビジネスを展開できる。

　具体的にはどのようにオンラインマッチングに取り組めばいいのか。チェックリストを使うことで、オンラインマッチングによって家電販売だけでない顧客体験価値を考えることができ、それを使い家電販売に生かすことができる。

　ここからが演習問題だ。エアコンクリーニングを対象とするオンラインマッチングのチェックリストを用意したので、チェック項目のそれぞれについてどういった条件を満たすべきなのかを考え、チェックリストの一番右側の空白部分を埋めてほしい。

　制限時間は60分とする。エアコンクリーニングや家電販売会社で分からないことがあればまずスマホで調べてほしい。

オンラインマッチングのチェックリストの模範解答

　筆者の考える模範解答を埋めたチェックリストを以下に示す。続く文章を含め演習問題を完成させてから読んでほしい。

　エアコンの電気代を減らしたいと考える消費者は多い。電気代節約につながるクリーニングのニーズは全国にある。自社で提供するのはもちろんだが規模に限界がある。


エアコンクリーニングを対象としたオンラインマッチングのチェックリスト　出所：筆者

チェック項目	内容	解答記入欄
①マッチングが成り立つ要素や市場があること	商品やサービスの受け手と出し手がおり、既存市場がある。または新市場ができると考えられる	
②市場が広範囲であること	全国的に市場がありオンラインのメリットを生かせる	
③商品やサービスの受け手（利用者）が情報を持っていない商品やサービスであること	購買頻度の低い商材やサービスなどで、利用者に知識やノウハウがない（腰を痛めた場合の情報、対処、介護関連情報、商品、初めての子育て関連商品や情報　など）	
④利用者が安心して使える工夫があること	利用者の評価（レーティング）がある、利用者からのレコメンドや体験談がある　など	
⑤利用者が繰り返し使いたいと思う工夫があること	利用回数に応じてポイントがたまり、これに応じて割引が受けられる　など	

オンラインを使えば、全国に広がるニーズに対応できる。分解や専用の洗剤、清掃道具が必要なエアコンクリーニングのノウハウを持つ事業者と消費者を結び付けることができれば、一気に規模を拡大できる。事業者がいなければノウハウを提供すればいい。これもビジネスになる。

マッチングはあくまで場所の提供だから、クリーニングのための人員確保や設備投資は不要だが、デジタル、ＩＴ、ＵＸを理解したうえでつくる必要がある。マッチングサイトを使いたくなるものにするためだ。スマホから操作可能、応答速度などの基本的機能に加え、利用者の声は評価を集めて公開する、ポイントを提供するなど、継続した利用を促す仕組みを取り込む。

以上のようなチェックリストの検討を経て、最終的には次ページのような経営改善の企画をまとめればいい。

エアコンクリーニングを対象としたチェックリストの模範解答　出所：筆者

チェック項目	内容	解答記入欄
①マッチングが成り立つ要素や市場があること	商品やサービスの受け手と出し手がおり、既存市場がある。または新市場ができると考えられる	エアコンをクリーニングして電気代を減らす、長く使いたいというニーズはあるので市場は存在する
②市場が広範囲であること	全国的に市場がありオンラインのメリットを生かせる	エアコンをクリーニングしたいお客は全国に存在する
③商品やサービスの受け手（利用者）が情報を持っていない商品やサービスであること	購買頻度の低い商材やサービスなどで、利用者に知識やノウハウがない（腰を痛めた場合の情報、対処、介護関連情報、商品、初めての子育て関連商品や情報　など）	エアコンクリーニングは分解などを伴うので難しい。また専用の洗剤や道具を必要とする
④利用者が安心して使える工夫があること	利用者の評価（レーティング）がある、利用者からのレコメンドや体験談がある　など	エアコンクリーニングを使った客の声や体験談、評価を集めることで実施可能
⑤利用者が繰り返し使いたいと思う工夫があること	利用回数に応じてポイントがたまり、これに応じて割引が受けられる　など	エアコンクリーニングを使った客にポイントを付与して、次回の割引に使えるようにすることで実施可能

最終的なDXのプラン

村外電器のオンライン家電ショップ事業と
エアコンクリーニングマッチング事業について

1. 企画概要

村外電器の強みであるエアコンクリーニングのノウハウを生かしたビジネスをフランチャイズ形式で行い、利用した客にネットで家電を販売するビジネスを企画する。

2. 具体的内容

村外電器のエアコンクリーニングサービスを請け負う業者を認定し、専用洗剤や道具を販売し、クリーニング教育を行い、エアコンクリーニングマッチングビジネスを行う。このサービスを利用した顧客を対象に家電をネット販売する。

3. データとデジタルの活用

(1) エアコンクリーニング検索予約システム

- エアコンクリーニングのマッチングサイト、アプリを用意する。レーティング（業者への評価）、利用客の声の参照機能を付加する。
- 顧客にポイントを付与し、次回以降の割引に利用できる機能を設ける。

(2) 家電ネット販売システムの利用

- 家電をネットで買えるサイト、スマホアプリを用意する。
- レーティングや利用者の声、顧客へのポイント付加機能を用意する。

以上

演習問題3

ネットワーク効果

本節はネットワーク効果をどう実際のビジネスに落とし込むのかの演習だ。人材派遣・紹介会社を例に考える。

企業の状況

シニアワーク（仮名）は、南関東地域で1990年代に創業された人材派遣・紹介会社である。定年あるいは、早期退職した人材に特化して、企業への派遣や再就職をあっせんする。丁寧で親身な対応が評価され、シニア人材や顧客企業に選ばれてきた。

創業者は大手企業の人事部門で長く勤めた人物だ。バブル崩壊後の90年代前半から、大手企業では中高齢社員の子会社出向や他の会社への再就職あっせんが相次いだ。人事部門でこういった業務を担当し、負担を強く感じた創業者は「シニア派遣や再就職支援業務はビジネスになる」と考え、会社を辞めシニアワークを創業。読みが当たって、シニアワークは成長した。

同社の売り物はノウハウを持った社員によるシニア人材と企業への丁寧で質の高い対応だが、数年前から風向きが変わった。少人数で事務所を持たず、オンラインでスキルマッチングする「スキルシェア」と呼ばれる低価格ビジネスモデルが台頭し、脅威になったのだ。DXによるディスラプトの波が人材派遣・紹介の業界にも訪れた。

どうすれば低価格化の進む人材派遣・紹介の業界で、シニアワークは生き抜いていけるだろうか。

問題解決、DXの方向性

このケースのポイントは低価格を武器とする競合への対抗方法にある。ネット時代には、業界を問わずシェアリングビジネスが既存企業のリアルのビジネスを脅かす。この波にさからうのは難しい。

考えるべきは、オンラインマッチング会社への移行だ。デジタル広告を使い、非対面で商談をするなどして、コストを抑えながら商圏を拡大する。

問題はオンラインマッチングだけでは差別化できない点である。顧客体験価値を高めて、価格競争から抜け出す必要がある。

活用するビジネスの仕掛け＝ネットワーク効果

ここで考えたいビジネスの仕掛けがネットワーク効果である。客（買い手）が商材提供者（売り手）を呼び、増殖していくネットワーク効果がもたらされる仕組みを構築すれば、顧客価値を創出できるエコシステムが出来上がり、他社と差別化できる。

シニア人材派遣・紹介を対象としたネットワーク効果のチェックリスト　出所：筆者

チェック項目	内容	解答記入欄
①お客から見て本当に価値がある商材やコンテンツがあること	事業者の都合ではなく、お客の視点で必要な商材やコンテンツが用意されている	
②消費者参加型コミュニティーの要素があること	お客のコメント、お客同士の会話、情報交換、商材の使い方などのコンテンツがアップデートされている	
③自社だけでなく、他の事業者の商材やコンテンツも多くあること	• 事業者が多く、商材やコンテンツが多い • 事業者が新規参入しやすい	
④参加者（消費者、事業者）の声（ニーズ・ペイン）が生かされていること	• アンケートや顧客調査などで商材やコンテンツを見直す • 購入手続きなどのUI・UXを向上させている	
⑤データ分析がさらに参加者の価値に貢献していること	購入データ分析によるレコメンド、人気商品、コンテンツのレーティングなどがあり、常にアップデートされている	

注目すべきは、シニアワークの丁寧な人手によるマッチングの価値だ。同社ならではの価値をオンラインマッチングでも提供する。

具体的にはどのようにネットワーク効果に取り組めばいいのか。チェックリストを使うことで、ネットワーク効果によって訴求できる顧客価値を考え、商材に競争力を持たせることができる。

ここからが演習問題だ。シニア人材派遣・紹介を対象とするネットワーク効果のチェックリスト（前ページ）を用意したので、チェック項目のそれぞれについてどういった条件を満たすべきなのかを考え、チェックリストの一番右側の空白部分を埋めてほしい。

制限時間は60分とする。シニア人材や人材紹介者で分からないことがあればまずスマホで調べてほしい。

ネットワーク効果のチェックリストの模範解答

筆者の考える模範解答を埋めたチェックリストを次ページに示す。続く文章を含め演習問題を完成させてから読んでほしい。

ネットワーク効果を発生させる原動力、すなわち消費者や顧客を増やすために必要なのは、「企業ではなく消費者や顧客の都合を優先する」ことである。消費者価値や顧客価値を最優先に考える。

ここでシニアワークが重視してきた丁寧な対応が生きる。オンラインでいかに顧客にとって丁寧で価値のある対応ができるかを考える。他のスキルシェアリング会社にはないサービスのエコシステムを実現する。

具体的には、派遣先が増え、報酬が上がるようなスキルアッププログラムや税務代行、資産管理プログラムなどの提供だ。派遣先企業、転職先の評価、雰囲気などの情報提供も価値をもたらす。実際に働いている人材の話を投稿してもらい、登録すれば閲覧可能にするといった方法も考えられるだろう。

さらに閲覧履歴データ、あるいはオンラインアンケートによって、提供する情報の内容やサイトの機能改善を継続する。顧客満足度が向上し、ネットワーク効果で拡大し続ければ、単なるスキルシェアリングサービスにとどまらないプラットフォームへの成長も期待できる。

以上のようなチェックリストの検討を経て、最終的には次ページのような経営改善の企画をまとめればいい。

シニア人材派遣・紹介を対象としたチェックリストの模範解答

出所：筆者

チェック項目	内容	解答記入欄
①お客から見て本当に価値がある商材やコンテンツがあること	事業者の都合ではなく、お客の視点で必要な商材やコンテンツが用意されている	シニア人材の派遣先が増え、報酬が上がるようなスキルアッププログラムや税務代行、資産管理プログラムなどを提供し、派遣人材の満足度を向上させる（無料と有料を用意）
②消費者参加型コミュニティーの要素があること	お客のコメント、お客同士の会話、情報交換、商材の使い方などのコンテンツがアップデートされている	派遣先企業、転職先の評価、雰囲気など、不安にならない情報を用意。実際に働いている人材の話を聞ける。好かれる働き方情報　など
③自社だけでなく、他の事業者の商材やコンテンツも多くあること	• 事業者が多く、商材やコンテンツが多い • 事業者が新規参入しやすい	シニア人材のペインを解決できる商材（健康関係、資産運用、税務、趣味関係など）を提供する事業者と提携したプラットフォームを構築する
④参加者（消費者、事業者）の声（ニーズ・ペイン）が生かされていること	• アンケートや顧客調査などで商材やコンテンツを見直す • 購入手続きなどのUI・UXを向上させている	定期的に人材の要望や感想、改善点を吸い上げ、コンテンツとしてプラットフォームで提供する
⑤データ分析がさらに参加者の価値に貢献していること	購入データ分析によるレコメンド、人気商品、コンテンツのレーティングなどがあり、常にアップデートされている	人材や派遣先、転職先企業の満足度や要望などをデータ化し、分析することで、プラットフォームに用意する商材やコンテンツをアップデートする

最終的なDXのプラン

エコシステムを創り出すための新ビジネス
「人材エコシステムプラットフォーム」について

1. 企画概要

シニア向け人材派遣・紹介会社「シニアワーク」の新サービスとして人材の価値を向上させる商材を扱うエコシステムプラットフォーム「グランドライフ」を導入し、スキルシェア企業に付加価値で差別化し、市場でのシェアを伸ばす。

2. 具体的内容

(1)コンセプト

シニア人材の派遣先が増え、報酬が上がるようなスキルアッププログラムや税務代行、資産管理プログラムなどを提供し、派遣人材の満足度を向上させる（無料と有料を用意）。

(2)エコシステムプラットフォームの構築

派遣先企業、転職先の評価、雰囲気など、不安にならない情報を用意。実際に働いている人材の話を聞ける、好かれる働き方情報といったシニア人材のペイン（悩み、困りごと）を解決できる商材（健康関係、資産運用、税務、趣味関係など）を提供する事業者と提携したプラットフォームを構築する。

3. データとデジタルの活用

(1)人材の知識や能力チェック、ペイン、興味がある項目を収集できるマイページ機能を用意し、個人のスマホから利用できるようにしてデータを継続的に取得する。

(2)取得したデータを分析し、足りない知識や能力の教育研修教材、ペインや興味に対応するコンテンツや商材をレコメンドし、割引で購入できるシステムを構築する。

以上

演習問題4

コンテンツマーケティング

本節はコンテンツマーケティングをどう実際のビジネスに落とし込むのかの演習だ。味噌の製造販売会社を例に考える。

企業の状況

山田味噌《やまだみそ》（仮名）は味噌の製造販売会社である。江戸時代に北関東で創業し、地域の米と大豆を使う本格味噌をつくってきた老舗だ。この地域は米と大豆の産地として全国的に有名で、味噌づくりに適した土地だった。腕のいい職人を抱え、味も品質も顧客からの評価は高い。

ただし同社の味噌は製造工程のほとんどが手づくりでコストがかかっており、販売価格は普及品の約10倍だ。スーパーなどでは扱うのが難しく、担当者のルート営業と顧客からの紹介などが販路の中核となってきた。

だが顧客の高齢化、和食離れなどを理由に本格味噌の需要は下がっており、従来の手法では売り上げが維持しづらくなってきている。直販主体の現在の営業では商圏も北関東に限られる。

どうすれば山田味噌は本格味噌の売り上げを拡大させることができるだろうか。

問題解決、DXの方向性

このケースのポイントは、現在は販売不振とはいえ、味噌自体の味と質が確かで顧客からの評価が高いことだ。味噌の顧客価値の高さを生かせば、全国、さらには海外まで商圏を拡大できる可能性がある。

全国を対象にできる販売手法は何なのか。場所の物理的な制約をなくし、営業コストを下げられるネット通販や電話を使うテレセールスが有力な選択肢だが、価格競争に巻き込まれやすい。これらの販売手法は高級品との相性がそれほど良くないという指摘もある。

活用するビジネスの仕掛け＝コンテンツマーケティング

ここで考えたいビジネスの仕掛けがコンテンツマーケティングである。自社商品の価値を多角的に洗い出し、その価値をさまざまな方法で消費者に直接訴求する。山田味噌のような既存商品のテコ入れだけでなく、新商品開発にも有効な手法だ。

コンテンツとは消費者や顧客にとって有用な情報のこと。コンテンツを提供して、買い手の気持ちを刺激するマーケティング手法である。味噌の味や材料の良さ、食べた人の感想、ファンの声など、山田味噌が欲しくなる情報を定期的、あるいはタイムリーに届けることで、価格は高くてもぜひ買いたいという消費者の気持ちを高める。

具体的にはどのようにコンテンツマーケティングに取り組めばいいのか。チェックリストを使うことで、コンテンツマーケティングによって消費者に訴求できる味噌の価値を考え、競争力を持たせることができる。

ここからが演習問題だ。チェックリスト（次ページ）を用意したので、チェック項目のそれぞれについて、どういった条件を満たすべきなのかを考え、一番右側の空白部分を埋めてほしい。

制限時間は60分とする。味噌の製造や販売で分からないことがあればまずスマホで調べてほしい。

コンテンツマーケティングのチェックリストの模範解答

筆者の考える模範解答を埋めたチェックリストを次ページに示す。続く文章を含め演習問題を完成させてから読んでほしい。

消費者は価格が高い商品を一方的に売り込まれるのを好まない。購入の動機になるのは、商品への共感である。味噌であれば、味、品質、会社の信用、商品ストーリーなどを自分の好みに照らし、価格との比較をして購入するかどうかを決める。

これらを伝えるのがコンテンツだ。山田味噌にはマーケティングに活用できそうなコンテンツがいくらでもある。

商品の味はもちろん、江戸時代からの歴史、原材料の質の高さというブランドの価値がある。販路が限定されているのは見方を変えれば希少性につながる。味噌のつくり方、さらに発展させて味噌づくり体験イベント、味噌を使った料理教室のイベントなどを開いてもいい。参加者にインタビューしてもいいし、SNSなどへの投稿もコンテンツである。

味噌製造販売会社を対象としたコンテンツマーケティングのチェックリスト 出所：筆者

チェック項目	内容	解答記入欄
①パーパスがあること、ブランドにストーリー性があること	•企業のパーパスに共感できる •ブランドに歴史があり、社会性、価値性が高い •消費者や顧客本位で商品やサービスづくりをしている	
②製品・サービスにしっかりとした価値や品質があること	•しっかりした品質がある •製品やサービスの信頼性が高い •差別化できる特長がある	
③消費者に価値のある情報になっていること	•売り込むための情報ではなく、ターゲット消費者に本当に価値のある情報である（困りごとの解消、興味あることの深掘り、専門家の意見　など）	
④情報を受ける消費者の知識・経験の成長に応じたコンテンツにしていること	•初心者の知りたい情報➡中級者の欲しい情報➡上級者が好む情報など、ターゲット消費者の知識・経験の成長に合わせたコンテンツを提供する	
⑤コンテンツによる接触をデータ管理してマーケティングの精度を上げていること	•④を実現するために、接触情報をシステムで管理し、データ分析して、デジタルマーケティングをする	

ただ作成して公開するだけで終わりではない。コンテンツへの接触経緯や反応などをデータ化して、評価を分析したり、商品への関心を高める次のアクションにつなげたりする。

以上のようなチェックリストの検討を経て、最終的には次ページのような経営改善の企画をまとめればいい。

味噌製造販売会社を対象としたチェックリストの模範解答　　出所：筆者

チェック項目	内容	解答記入欄
①パーパスがあること、ブランドにストーリー性があること	●企業のパーパスに共感できる ●ブランドに歴史があり、社会性、価値性が高い ●消費者や顧客本位で商品やサービスづくりをしている	●江戸時代からの歴史がある本格味噌づくり ●質の良い米と大豆が原料 ●スーパーでなく、顧客のし好を捉えた営業
②製品・サービスにしっかりとした価値や品質があること	●しっかりした品質がある ●製品やサービスの信頼性が高い ●差別化できる特長がある	●全国で通用する味と品質 ●手づくり部分が多い本格味噌 ●スーパーで売っていない
③消費者に価値のある情報になっていること	●売り込むための情報ではなく、ターゲット消費者に本当に価値のある情報である（困りごとの解消、興味あることの深掘り、専門家の意見など）	●本格味噌のつくり方をコンテンツ化する ●発酵食品としての本格味噌を健康食品としてコンテンツ化する　など
④情報を受ける消費者の知識・経験の成長に応じたコンテンツにしていること	●初心者の知りたい情報➡中級者の欲しい情報➡上級者が好む情報など、ターゲット消費者の知識・経験の成長に合わせたコンテンツを提供する	●味噌の基本知識から始め、味噌づくり体験イベント、味噌を使った料理教室イベント、味噌ファン同士のコミュニティーを用意する　など
⑤コンテンツによる接触をデータ管理してマーケティングの精度を上げていること	●④を実現するために、接触情報をシステムで管理し、データ分析して、デジタルマーケティングをする	●顧客や消費者のコンテンツ接触経緯や反応などをデータ化し、リードナーチャリング（商品受容度を成長させる）を行う

最終的なDXのプラン

山田味噌の売上向上策について

1. 企画概要

「山田味噌」の業績拡大策として、販路を全国に広げるため自社サイトによる直接販売を実施する。販売促進策として、デジタルマーケティング（コンテンツマーケティング）を実施する。

2. 具体的内容

(1) コンテンツマーケティングが向く理由

以下の理由から、味噌としての訴求力が高く、消費者や顧客にアピールできる。

- 江戸時代からの歴史ある本格味噌であり、質の良い米と大豆が原料である。
- 全国で通用する味と品質。手づくり部分が多い本格味噌でありスーパーで売っていないという特別感がある。

(2) コンテンツの内容

- 本格味噌のつくり方をコンテンツ化する。
- 発酵食品としての本格味噌を健康食品としてコンテンツ化する。
- 味噌の基本知識から始め、味噌づくり体験イベント、味噌を使った料理教室イベント、味噌ファン同士のコミュニティーを用意するなど。

3. データとデジタルの活用

(1) ネット注文サイトを作成する。
(2) 消費者や顧客が味噌を使ったオリジナルなレシピを投稿し、交流できるSNS機能を作る。
(3) 顧客や消費者のコンテンツ接触経緯や反応などをデータ化し、リードナーチャリング（商品受容度を成長させる）を行う。

以上

演習問題5

ファンマーケティング

本節はファンマーケティングをどう実際のビジネスに落とし込むのかの演習だ。野菜加工食品メーカーを例に考える。

企業の状況

アヤメ（仮名）は1950年に創業した全国ブランドの野菜加工食品メーカーである。第2次世界大戦後の食糧不足の時代に創業したことから、「食を通じて日本を豊かにする」という理念を持ち、現在でもこれをパーパスとしている。

アヤメは原料の野菜にこだわっており、特にトマトは自社用に品種改良してオリジナルブランドを開発したほどだ。ミニトマトでは「アヤメのミニあま」というブランドで苗を販売する事業も展開する。さらに自社ブランド製品向けの原料野菜を自社の植物工場で育て、野菜加工食品を大量に安定製造することに成功している。

かつてはアヤメが野菜加工食品の代名詞だったが、現在では品質よりも価格を優先してスーパーやコンビニチェーンのプライベートブランドを選ぶ消費者が増えている。40年ほど前からアヤメはテレビCMを利用しブランド認知を高めてきたが、最近ではテレビを見ない世代も多く、効果が落ちてきた。

多くの競合商品が市場に出回っている状況で、アヤメはキャンペーンを繰り返している。コストをかけて、有名なアイドルグループを使ったテレビCMやネット広告を大々的に展開すると売り上げが増えるが、キャンペーンが終わると売り上げは落ちる。どうすればキャンペーンに依存することなしに販売を拡大できるだろうか。

問題解決、ＤＸの方向性

このケースでポイントになるのは、アヤメの商品の価値をどう顧客に伝えるかだ。商品の質は高く、ブランド力はあるのに、低価格の類似商品に取って代わられるのは、「絶対アヤメがいい。アヤメでないと満足できない」という価値を消費者に伝えきれていないからである。

消費者に認知、あるいは再認知してもらうだけならテレビＣＭやネット広告などによるキャンペーンは有効だが、止めれば商品が売れなくなるリスクを抱える。コストもかかる。

活用するビジネスの仕掛け＝ファンマーケティング

ここで考えたいビジネスの仕掛けがファンマーケティングである。ファンマーケティングで消費者や顧客をアヤメのファンにして、キャンペーンなしで売れる仕組みを作れば問題は解決する。

そのためには、消費者への価値の届け方を変える必要がある。消費者や顧客が、ブランドの商品やサービスを、「なぜ買うのか」「どこに価値を見いだしているのか」を考え、これを施策化して消費者や顧客に価値として届け、ファンになってもらう必要がある。

具体的にはどのようにファンマーケティングに取り組めばいいのか。チェックリスト（次ページ）を使うことで、ファンマーケティングによって消費者に訴求できる野菜加工食品の価値を考え、競争力を持たせることができる。

ここからが演習問題だ。チェックリストを用意したので、それぞれについて、ＤＸを成功させるためにはどういった条件を満たすべきなのかを考え、一番右側の空白部分を埋めてほしい。

制限時間は60分とする。食品加工業会社や野菜加工食品で分からないことがあればまずスマホで調べてほしい。

ファンマーケティングのチェックリストの模範解答

筆者の考える模範解答を埋めたチェックリストを次ページに示す。続く文章を含め演習問題を完成させてから読んでほしい。

自社の主力商品を単に販売するだけでなく、顧客を巻き込むプロセスを組み込むことで単なる消費者を超えたファンになりやすくなる。ロイヤルティーの高い顧客が増え、商品を継続購入するようになれば、価格ではなく価値で勝負できる。

再認識すべきは、ブランド認知の高さ、加工食品会社にふさわしいパーパス、さらに品質のいい野菜加工商品を安定供給できるという事実だ。こういった特長を継続して伝える。

次は顧客をどう巻き込むかだ。アヤメは品種改良された野菜品種を自社ブランドで出荷している。オリジナル野菜

野菜加工食品メーカーを対象としたファンマーケティングのチェックリスト　出所：筆者

チェック項目	内容	解答記入欄
①パーパスがあること、ブランドにストーリー性があること	•企業のパーパスが共感できる •ブランドの歴史や社会性、価値性が高い、消費者や顧客本位で商品やサービスづくりをしている	
②製品・サービスにしっかりとした価値や品質があること	•しっかりとした品質がある、製品やサービスの信頼性が高い、差別化できる特長がある	
③消費者参加の仕組みがあること	•イベント、消費者参加企画、アンケート、SNSなど消費者の意見が商品やサービスに反映される仕組みがある	
④顧客ロイヤルティーを高める仕組みがあること	•ポイントプログラムがある。非売品商品がもらえるなど、購入すればするほど顧客にメリットがある仕組みがある	
⑤消費者や顧客データが生かされていること	•③や④について、データを取得できる仕組みがあり、それを使った価値（新商品、サービス、イベント、プログラム）に生かされている	

の苗を使ったイベントやSNS投稿などで、顧客のファン化につなげる。であれば単なるネット通販にとどまらず、D2Cにまで踏み込むことを考える。

購買量に応じたポイント制度の導入により、顧客ロイヤルティープログラムをスタートさせるのもいい。顧客の会員化が進めば、購買履歴やアンケート結果などを用いて新たな販促企画をスタートさせたり、商品開発に使ったりできるだろう。

以上のようなチェックリストの検討を経て、最終的には次ページのような経営改善の企画をまとめればいい。

野菜加工食品メーカーを対象としたチェックリストの模範解答

出所：筆者

チェック項目	内容	解答記入欄
①パーパスがあること、ブランドにストーリー性があること	•企業のパーパスが共感できる •ブランドの歴史や社会性、価値性が高い、消費者や顧客本位で商品やサービスづくりをしている	•消費者のブランド認知が高い •食を通じて日本を豊かにするパーパスがある
②製品・サービスにしっかりとした価値や品質があること	•しっかりとした品質がある、製品やサービスの信頼性が高い、差別化できる特長がある	味や品質が良く、工場で野菜を大量生産して、商品を安定供給できる
③消費者参加の仕組みがあること	•イベント、消費者参加企画、アンケート、SNSなど消費者の意見が商品やサービスに反映される仕組みがある	品種改良されたオリジナル野菜の苗を使ったイベントやSNS投稿で顧客を巻き込む策などが考えられる
④顧客ロイヤルティーを高める仕組みがあること	•ポイントプログラムがある。非売品商品がもらえるなど、購入すればするほど顧客にメリットがある仕組みがある	ポイント蓄積に応じて、オリジナル商品のプレゼントや商品企画参加の特典などを提供する顧客ロイヤルティープログラムが考えられる
⑤消費者や顧客データが生かされていること	•③や④について、データを取得できる仕組みがあり、それを使った価値（新商品、サービス、イベント、プログラム）に生かされている	顧客を会員化し、アンケートやD2Cサイトでの購買履歴データを、イベント企画などで活用することが考えられる

最終的なDXのプラン

アヤメのファンマーケティング検討について

1. 企画概要

アヤメの価値を今日的にアップデートし、顧客をファン化するプログラムを開発することで、価格勝負にならないビジネス環境を作る。

→顧客から指名買いされるようにして、スーパーやコンビニチェーンの売り場確保を有利にする。

2. 具体的内容

(1) パーパス、ブランドストーリー

• ブランド、歴史、機能、差別化ポイント

トマトと言えばアヤメと想起されるブランド力と歴史、味と品質が良い商品、品種改良されたオリジナル野菜、都市型農法による原材料安定供給など。

(2) ファン化の具体策

• オリジナル野菜苗の育成を通じたファンマーケティング

品種改良されたオリジナル野菜の苗を使ったイベントやSNS投稿で顧客を巻き込む。

(3) 顧客ロイヤルティー向上策

• ポイントプログラムの導入

購買回数や金額のポイントプログラムを導入し、最高位のロイヤルカスタマーまでを管理する。

• ロイヤルティープログラムの導入

カスタマーランクに応じ、非売品のオリジナル商品を提供したり、試作品の意見交換などの活動に参加したりする権利を提供する。

3. データとデジタルの活用

• D2C販売サイト、スマホアプリ

オリジナル新商品の予約のほか、意見交換、写真投稿、動画投稿、消費者企画商品の投稿などができる販売サイトに加え、ファンサイトやスマホアプリを提供する。

• コンテンツマーケティング

動画や写真で紹介されるファンの利用ストーリーをコンテンツ化して活用するコンテンツマーケティングを行う。

• データ分析

消費者を会員化し、アンケートやD2Cサイトで購入してもらった履歴データを活用し、イベント企画などで活用する。

以上

演習問題6

プロシューマー

本節はプロシューマー（生産消費者）をどう実際のビジネスに落とし込むのかの演習だ。生活雑貨メーカーを例に考える。

企業の状況

松田《まつだ》生活《せいかつ》工房《こうぼう》（仮名）は1970年代から事業を続けている生活雑貨メーカーで、突っ張り棒を製造する。メイン商材は「ウルトラ突っ張り棒」である。

押し入れをクローゼット代わりに使うための、重いアウター衣料を複数掛けても使える耐荷重性の高い突っ張り棒で長年、市場で選ばれてきた。

銅製品の製造会社を経営していた創業者の松田氏は、新しいビジネスのヒントを探りに米国の大型小売店を視察した。そこで見た「住居用万能ポール」にヒントを得て開発したのが「押し入れをクローゼットに」をキャッチコピーにしたウルトラ突っ張り棒だ。

ライフスタイルの西洋化の流れに乗り、爆発的に売れた。その後も全国の百貨店や地域の小売店を販路とし、安定したビジネスを展開してきた。

数年前から状況が変わった。市場にはホームセンターのプライベートブランドがひしめきあう。カーボン素材を使ったライバル企業の軽くて強い突っ張り棒にシェアでも先んじられるようになった。

追いつくには、さらなる機能強化や低価格が必要だ。販売店からの要望や利用者からのクレームは収集しているが、開発のヒントになりそうなアイデアは生まれてこない。

どうすれば消費者の関心を呼ぶ商品を開発し、再び突っ張り棒の市場をリードできるのだろうか。

問題解決、DXの方向性

このケースでポイントになるのは、何を商品の価値とし、何を差別化のポイントとするかだ。多くの企業が参入して市場は飽和している。

機能面では今でも突っ張り棒の耐荷重が重視されている。「消費者からも耐荷重性をもっと高めてほしい」という声もあるが、他社も分かっている。耐荷重性能にこだわって商品を開発するのはリスクが高い。

活用するビジネスの仕掛け＝プロシューマー

ここで考えたいビジネスの仕掛けがプロシューマーである。プロシューマーの声や活動を自社商品開発に生かす。競合商品と差別化して消費者・顧客価値を高めるには、耐荷重だけでは限界がある。もっと顧客に訴求できる他の機能を探す方がいい。顧客が真に欲しているものを把握した商品を作れば成長の可能性が見えてくる。

商品に価値を感じるのは、作り手であるメーカーでなく、使い手である消費者だ。消費者による作り手が想定しなかった使い方を見いだし、商品開発に活用する。消費者の声をどこまで開発に生かせるかが商品価値を高めるポイントになる。

具体的にはどのようにプロシューマーに取り組めばいいのか。チェックリストを使うことで、消費者に訴求できる突っ張り棒の価値を考え、競争力を持たせることができる。

ここからが演習問題だ。チェックリストを用意したので、チェック項目のそれぞれについて、どういった条件を満たすべきなのかを考え、チェックリストの一番右側の空白部分を埋めてほしい。

制限時間は60分とする。生活雑貨メーカーや突っ張り棒で分からないことがあればまずスマホで調べてほしい。

プロシューマーのチェックリストの模範解答

筆者の考える模範解答を埋めたチェックリストを次ページに示す。続く文章を含め演習問題を完成させてから読んでほしい。

顧客からワンクッション置いた販売店の要望や、自社製品のマイナス点を知らせるクレームからでは見つからない情報はいくらでもある。消費者の声を集めるツールとしてSNSに注目する。ソーシャルリスニングの実施である。

社内にSNS担当者を置き、消費者の生の声を集める。突っ張り棒であれば、「耐荷重をもっと高めてほしい」といういい

生活雑貨を対象としたプロシューマーのチェックリスト　出所：筆者

チェック項目	内容	解答記入欄
①ソーシャルリスニングをしていること	SNSなどで消費者の声を聞いて商品の課題の把握と改善に生かす	
②インフルエンサー（社外協力者）がいること	商品を使っている消費者の発信力を活用してSNSなどで商品を告知する	
③消費者から商品アイデア収集、一緒に企画していること	商品利用者の声を商品開発に生かす体制を構築する	
④商品の顧客調査をしていること	開発した商品を市場に投入する場合に、消費者調査、顧客調査を行う（定量・定性）	
⑤コンテンツを提供していること	以下のようなコンテンツを動画、ブログ、ホワイトペーパー（冊子）、Web記事にして提供する。 (1) 商品の正しい使い方 (2) 商品を使った生活に役立つアイデア (3) 商品を利用しているお客の声	

わば想定内のもの以外に「リビングが狭いのでそこで使える突っ張り棒が欲しい」「賃貸で原状回復が大変なので、天井と床に工事を入れる必要のないリビング用突っ張り棒を作ってほしい」といった要望を把握できるようになるはずだ。

投稿の調査・分析だけが担当者の仕事ではない。SNSで突っ張り棒に関して頻繁に発言しているアカウントを探し、インフルエンサーとして活動するよう働きかける。

さらにインフルエンサーや突っ張り棒に関心がある消費者が参加するアイデア検討会議を開いたり、まだ市場に出していない商品のテストに参加したりしてもらう。

これらは全て商品開発で大きな力となるはずだ。

開発に生かすだけではない。上記の活動で出たアイデアや消費者の体験談をコンテンツにして公開する。インフルエンサーからの発信につながるなどして広く拡散すれば、強力な販促ツールになる。

以上のようなチェックリストの検討を経て、最終的には次ページのような経営改善の企画をまとめればいい。

生活雑貨を対象としたチェックリストの模範解答　出所：筆者

チェック項目	内容	解答記入欄
①ソーシャルリスニングをしていること	SNSなどで消費者の声を聞いて商品の課題の把握と改善に生かす	SNS担当者を置き、顧客の声を収集する
②インフルエンサー（社外協力者）がいること	商品を使っている消費者の発信力を活用してSNSなどで商品を告知する	SNSで頻繁に発言している人にインフルエンサーになってもらう
③消費者から商品アイデア収集、一緒に企画していること	商品利用者の声を商品開発に生かす体制を構築する	消費者参加の商品アイデア検討会議を行う
④商品の顧客調査をしていること	開発した商品を市場に投入する場合に、消費者調査、顧客調査を行う（定量・定性）	インフルエンサーや消費者参加会議のメンバーに商品利用テストに参加してもらい意見を聞く
⑤コンテンツを提供していること	以下のようなコンテンツを動画、ブログ、ホワイトペーパー（冊子）、Web記事にして提供する。 (1) 商品の正しい使い方 (2) 商品を使った生活に役立つアイデア (3) 商品を利用しているお客の声	上記の①から④で出たアイデア、消費者の体験談をコンテンツにして消費者向けに提供する

最終的なDXのプラン

松田生活工房の商品開発体制見直しと
リビングデザインポールシリーズの開発について

1. 企画概要

押し入れ突っ張り棒の商品開発体制を消費者参加型に見直すとともに、消費者ニーズが高い可能性を持つ「リビングで使うデザイン家具としての突っ張り棒シリーズ」を開発し、ネットでのD2C（直接販売）で提供する。

2. 具体的内容

(1) 商品開発体制の見直し

以下の取り組みを実施する。

- ソーシャルリスニング
- インフルエンサー（社外協力者）
- 消費者から商品アイデア収集、一緒に企画
- 商品の顧客調査
- コンテンツ提供　など

(2) リビングで使うデザイン家具としての突っ張り棒シリーズの提供

- **新商品のラインアップ**

リビングの収納棚、間接照明、ブックシェルフ、ハンガー、カウンターバーなどのデザイン家具に、取り付け工事なしで天井と床の突っ張りポールで施工できる組み合わせ家具シリーズを開発する。

- **販路**

ネットでのD2Cで提供する。顧客ロイヤルティープログラムやコンテンツマーケティングを実施する。他のECサイトにも商品提供する。

3. データとデジタルの活用

- ソーシャルリスニング環境の構築
- リビング用デザイン突っ張りポールの紹介動画、記事などのコンテンツ提供ブログ、サイトの構築
- 直販サイトの構築。ECサイトへの商品提供
- 顧客用スマホアプリの開発。ポイント割引制度機能などの構築

以上

演習問題7
D2C

本節はD2Cをどう実際のビジネスに落とし込むのかの演習だ。3つの事業を手掛けるメーカーを例に考える。

企業の状況

北近畿化学機械《きたきんきかがくきかい》（仮名）は、北近畿地域で1990年代に創業したメーカーである。同社は3つの事業を手掛ける。

1つ目は釣り糸製造機の販売で、売り上げ全体の6割を占める中核事業である。原料となる樹脂から性能の良い釣り糸を低コスト、高品質で生産できるため、釣り糸メーカーからの支持も高い。

しかし釣り業界全体が構造不況にあり、売り上げは減り続けている。他の事業を拡大させなければ今後の成長はない。

2つ目は、売り上げの3割程度を占める作業用の樹脂製ロープの製造販売である。釣り糸製造機のノウハウから派生したもので、耐久性が高く地域の工事業者に売れてきた。軽くて耐久性も高いが、最近では同様の海外製品が低価格で輸入されており、顧客が流れ始めている。

最後が、自社開発寝具の「ペインレスマットレス」である。釣り糸の製造工程のノウハウを転用したもので、樹脂の糸を重ね合わせたマットレスには独特の弾力の良さがある。「腰、背中、肩に負担がかからない」と利用者からの評判も上々だ。

これまでは、ホテルや旅館向けに数百個単位で販売してきた。新規参入で知名度も取引実績もないうえ、「マットレスといえばウレタンやスプリングである」という固定観念が強く、小売店が取り合ってくれないからだ。

ホテルや旅館の宿泊客の評判は高く、自宅にも欲しいとの声があるが、個人向けには販売していない。主力の釣り糸製造機の見通しが暗いなか、どうすれば北近畿化学機械は成長軌道を描けるだろうか。

問題解決、DXの方向性

このケースでポイントになるのは、競争が激化し始めた樹脂製ロープではなく、他社製品と差別化できていて将来有望なペインレスマットレスであり、この製品の価値の届け方である。消費者や顧客は、この商品に単なるマットレスではない価値を感じている可能性がある。

実は、消費者には購入したいとの声があるにもかかわらず、マットレスのスプリング素材への固定観念があるために、販売チャネルが取り扱おうとしないという一見マイナスの情報に大きなヒントと可能性がある。

活用するビジネスの仕掛け＝D2C

ここで考えたいビジネスの仕掛けがD2Cである。利用者の評価が高くニーズがあるのに販売店が扱わないのなら直接売ればいい。ネット通販でD2Cにかじを切る。

単にマットレスを売るのではなく、どうすれば「もっと良い体験」を提供できるかが重要だ。実際に使って初めて良さが分かる商品だから、通販でいかに価値を伝えるかを考える必要がある。

価値が伝わりさえすれば、確実に売れるはずだ。直接消費者に良さを分かってもらえるような販売促進活動を行えば、売り上げの拡大にも貢献できる。

具体的にはどのようにD2Cに取り組めばいいのか。チェックリストを使うことで、D2Cによって消費者に訴求できるマットレスの価値を考え、競争力を持たせることができる。

ここからが演習問題だ。チェックリストを用意したので、チェック項目のそれぞれについて、どういった条件を満たすべきなのかを考え、一番右側の空白部分を埋めてほしい。

制限時間は60分とする。マットレスや販売店、流通で分からないことがあればまずスマホで調べてほしい。

D2Cのチェックリストの模範解答

筆者の考える模範解答を埋めたチェックリストを次ページに示す。続く文章を含め演習問題を完成させてから読んでほしい。

高い品質に裏打ちされた強い商品力があるマットレスなのだから、単にネット通販するのではなく、商材の価値を伝えることが重要だ。できれば商品単体ではなく、上流のパーパスからマットレス販売にかける意気込みを示したい。

「顧客を腰痛や肩こりから守る、安眠を通してウェルビーイング（より良く生きる）を実現する」というメッセージをどう

腰が痛くならないマットレスのメーカーを対象としたD2Cのチェックリスト　出所：筆者

チェック項目	内容	解答記入欄
①パーパスがあること、ブランドにストーリー性があること	・企業のパーパスが共感できる ・ブランドの歴史や社会性、価値性が高い ・消費者や顧客本位で商品やサービスをつくっている	
②製品・サービスにしっかりとした価値や品質があること	・しっかりとした品質がある ・製品やサービスの信頼性が高い ・差別化できる特長がある	
③顧客（ファン）と一緒に製品・サービスづくりをしていること	消費者のニーズ、顧客の声、ファンの熱量が製品やサービスに反映されている	
④価値を感じるコンテンツがあること	製品やサービスを利用した顧客の声、製品やサービスの製造工程、原材料へのこだわりなどストーリーテリングができている	
⑤ロイヤルティープログラムの価値があること	顧客（ファン）が喜んでロイヤルティーを高めるプログラムになっている 〈例〉ポイントプログラム、リワード（特典）、商品企画への参加　など	

埋め込むか。北近畿化学機械の歴史や既存事業を踏まえたうえで最適な内容を伝える。

通販は始まりにすぎない。D2Cは購買履歴が収集・分析できるのが強みだ。消費者の声を製品やサービス作り、さらにはコンテンツマーケティングに生かす。顧客ロイヤルティープログラムの導入も効果があるだろう。

以上のようなチェックリストの検討を経て、最終的には次ページのような経営改善の企画をまとめればいい。

腰が痛くならないマットレスメーカーを対象としたチェックリストの模範解答　出所：筆者

チェック項目	内容	解答記入欄
①パーパスがあること、ブランドにストーリー性があること	●企業のパーパスが共感できる ●ブランドの歴史や社会性、価値性が高い ●消費者や顧客本位で商品やサービスをつくっている	新たにパーパスを設定し、顧客を腰痛や肩こりから守る、安眠を通してウェルビーイング（より良く生きる）を実現する企業ブランドを目指す
②製品・サービスにしっかりとした価値や品質があること	●しっかりとした品質がある ●製品やサービスの信頼性が高い ●差別化できる特長がある	●腰が痛くならない、肩がこらない、ぐっすり眠れる樹脂繊維のマットレス ●樹脂繊維のため、丸洗いできる、乾くのも速い。自宅の風呂で洗えるなど品質や機能性に優れる
③顧客（ファン）と一緒に製品・サービスづくりをしていること	消費者のニーズ、顧客の声、ファンの熱量が製品やサービスに反映されている	コアなファンから「なぜ選んでいるのか」を聞き出し、製品やサービス作りに生かす
④価値を感じるコンテンツがあること	製品やサービスを利用した顧客の声、製品やサービスの製造工程、原材料へのこだわりなどストーリーテリングができている	自分で使うだけでなく、友人に薦めているなどのファンの声、用途をコンテンツ化する
⑤ロイヤルティープログラムの価値があること	顧客（ファン）が喜んでロイヤルティーを高めるプログラムになっている 〈例〉ポイントプログラム、リリート（特典）、商品企画への参加　など	ロイヤルティープログラムを導入し、ロイヤルカスタマーには新製品開発や試作品への意見交換などの活動に参加してもらう

最終的なDXのプラン

北近畿化学機械「ペインレスマットレス」の
D2C実施について

1. 企画概要

北近畿化学機械のオリジナル寝具「ペインレスマットレス」のD2C（直接販売）を開始する。これを順次拡大し釣り糸製造機と作業用ロープ販売事業の落ち込みをカバーする。

2. 具体的内容

(1) パーパス、ブランドストーリー

新たにパーパスを設定し、顧客を腰痛や肩こりから守る、安眠を通してウェルビーイング（より良く生きる）を実現する企業ブランドを目指す。

(2) オリジナル製品の価値向上策

• コアなファンの製品づくり参加

コアなファンから「なぜペインレスマットレスが好きなのか」を聞き出し、製品やサービスづくりに生かす。

• コンテンツ活用

ペインレスマットレスを自分で使うだけでなく、友人に薦めているなどのファンの声、用途をコンテンツ化する。

(3) 顧客ロイヤルティー向上策

• ポイントプログラムの導入

購買回数や金額のポイントプログラムを導入、最高位のロイヤルカスタマーまでを管理する。

• ロイヤルティープログラムの導入

カスタマーランクに応じ、非売品のオリジナルリワードを提供する、新製品開発への参加や試作品の意見交換などの活動に参加できる権利を提供する。

3. データとデジタルの活用

• 販売サイト、スマホアプリ

オリジナル寝具（マットレス、まくら、カバー、上掛け、ブランケット）の新製品の予約、販売、意見交換、写真投稿、動画投稿などができる販売サイト、ファンサイトやスマホアプリを提供する。

• コンテンツマーケティング

動画や写真で紹介されるファンの利用ストーリーを活用するコンテンツマーケティングに取り組む。

• データ分析

消費者→顧客→ファンへのナーチャリングに資するデータ分析を行う、レコメンドや消費者、顧客、ファンごとに最適のコンテンツを提供する。

以上

演習問題8
D2Cサブスク

本節はD2Cサブスクをどう実際のビジネスに落とし込むのかの演習だ。刃物メーカーを例に考える。

企業の状況

高山刃物《たかやまはもの》工業《こうぎょう》(仮名)は、中国地方で鎌倉時代から日本刀などの刃物を製造してきた歴史を持ち、現在はOEM(相手先ブランドによる生産)を主体に、3つの事業領域で刃物を製造している。

1つ目はある大手シェーバーメーカーから委託される替え刃のOEMで、売上全体の5割を占める。電気シェーバーでは満足できず深ぞりを好む男性の購入が多い。OEMとはいえ商品には製造元として同社の名前も記載されている。実際に他社製品は使いたくないという声は多い。

両社の関係は30年以上継続してきたが、最近では高山刃物に発注した場合の生産コストが高いこと、他国製の品質が良くなってきたことなどから、シェーバーメーカーが委託先の見直しを検討し始めた。高山刃物は大口のOEM提供先を失う可能性がある。

2つ目は売り上げの4割を占める美容向けのハサミだ。まゆ毛向けやまつ毛向けのハサミをOEMで提供する。耐久性と使いやすさが評価され、女性用美容器具メーカーに採用されているが、他社製品との差別化が難しく、価格勝負に巻き込まれて苦しい状況にある。

美容向けのハサミは、刃の質よりも軽さ、使いやすさ、耐久性、形状を重視する傾向があるので、刃の品質に強みを持つ高山刃物の優位性が出しにくいが、デザインの工夫などで伸びしろがあるとの社内意見もある。

最後は、売り上げの1割という自社ブランド「ＴＡＫＡＹＡＭＡ」の医療機関経由の女性向け全身用シェーバーである。医療機関で使って「軽くそれる、肌に負担がかからない」と評価し、自宅で使いたいという希望は多いが、現状では近隣医療機関にしか販売していない。Ｂ２Ｃは販路の開拓や維持が面倒だということで、これまでは実施してこなかった。

主力のシェーバー替え刃ＯＥＭの先行きが不透明ななか、現状のまま経営を続けるのは困難だ。どうすれば高山刃物は今後の事業を拡大できるだろうか。

問題解決、ＤＸの方向性

このケースのポイントはどの事業を選ぶかの判断である。全てに力を入れるのは得策ではない。売り上げの半分を占めるシェーバー替え刃の新提供先を探すか、美容向けのハサミ、あるいは女性向け全身用シェーバーの拡大を図るべきかを検討する必要がある。

替え刃の新しいＯＥＭ先を探せればいいが、激戦の市場で顧客を開拓するのは簡単ではない。美容向けのハサミは同社の強みである刃の良さが生かせるかどうか疑問がある。形状やデザインに強くない高山刃物が新たに取り組むにはリスクが大きい。ノウハウがない女性用シェーバーの一般販売も同様だ。むしろ商品の価値を生かした売り方の工夫を考えるべきである。

活用するビジネスの仕掛け＝D2Cサブスク

ここで考えたいビジネスの仕掛けがD2Cサブスクである。D2Cサブスクは、商品を定期的、継続的に直接販売するため、販売コスト、営業コスト、広告費などを下げることができ、価格を抑えながら高い品質の商品をお客に提供できる。

お客が感じる新しい価値で商品を構成し、適切な販路で、コストを抑えて届ける。OEMや個人客向け小売店での販売がダメなら、デジタルを使って直接、継続的に届ければいい。これがD2Cサブスクのメリットである。

具体的にはどのようにD2Cサブスクに取り組めばいいのか。チェックリストを使うことで、D2Cサブスクによって消費者に訴求できるシェーバーの替え刃の価値を考え、競争力を持たせることができる。

ここからが演習問題だ。シェーバーの替え刃製造企業を対象とするD2Cサブスクのチェックリストを用意したので、チェック項目のそれぞれについて、DXを成功させるためにはどういった条件を満たすべきなのかを考え、チェックリストの一番右側の空白部分を埋めてほしい。

シェーバーの替え刃製造企業を対象としたD2Cサブスクのチェックリスト　出所：筆者

チェック項目	内容	解答記入欄
①商品にしっかりとした品質があること	商品として支持される基本品質があり、製品やサービスの信頼性が高い。特長がある	
②日常的に繰り返し使う製品であること	毎日使う消耗品や健康維持、食などの定期利用性がある	
③継続して購入することが面倒なものであること	毎回、店舗に行って購入することの面倒や使った後の処分が必要などの手間がある	
④強いペインを解消する製品であること	その製品を使わないと不具合がなくならず、ペインを解消できない	
⑤価格を安くする仕掛けがあること	年間契約で解約しないことを前提に割引をするなど（事業者がお客を獲得するための広告宣伝費や販売費を商品価格の割引の原資とし、商品販売価格を安くする　など）	

制限時間は60分とする。シェーバーの替え刃製造企業で分からないことがあればまずスマホで調べてほしい。

D2Cサブスクのチェックリストの模範解答

筆者の考える模範解答を埋めたチェックリストを以下に示す。続く文章を含め演習問題を完成させてから読んでほしい。

間違いなく高山刃物には高い技術力がある。OEM主体のビジネスだったとはいえ、替え刃メーカーとしては高いブランド力があり、自社ブランドでの販売も十分可能である。

多くのビジネスパーソンにとってひげそりはまずなくなることがない作業と言える。日常使いの消耗品であるシェーバーの替え刃は、一度使い始めると同じものを長く続けるのが一般的で、わざわざ店舗で買うのが面倒だと考える消費者が多い。

D2Cサブスクとの相性がいい商材だ。卸や小売りを経由しないD2Cサブスクなら中間コストがないので、競争力のある値付けもしやすい。

以上のようなチェックリストの検討を経て、最終的には次ページのような経営改善の企画をまとめればいい。

シェーバーの替え刃製造企業を対象としたチェックリストの模範解答　出所：筆者

チェック項目	内容	解答記入欄
①商品にしっかりとした品質があること	商品として支持される基本品質があり、製品やサービスの信頼性が高い。特長がある	高山刃物の替え刃は品質や使用感が良くブランド力があり、ファンも多い
②日常的に繰り返し使う製品であること	毎日使う消耗品や健康維持、食などの定期利用性がある	シェーバーの替え刃は、消耗品であり、定期的に同じ商品を買うことが多い
③継続して購入することが面倒なものであること	毎回、店舗に行って購入することの面倒や使った後の処分が必要などの手間がある	シェーバーの替え刃は定期的に購入するものであり、店舗に買いに行くのは面倒と感じる人も多いと考えられる
④強いペインを解消する製品であること	その製品を使わないと不具合がなくならず、ペインを解消できない	シェービングをしないと不快であったり、人前に出ることが恥ずかしかったりするペインがあり、シェーバーはこれを解消する
⑤価格を安くする仕掛けがあること	年間契約で解約しないことを前提に割引をするなど（事業者がお客を獲得するための広告宣伝費や販売費を商品価格の割引の原資とし、商品販売価格を安くする　など）	通販のサブスクリプションにすることで販路コストや営業コスト、広告宣伝費を抑えられ、商品を低価格で提供可能

最終的なDXのプラン

高山刃物自社ブランドでの
D2Cサブスクの検討について

1. 企画概要

OEM主体の高山刃物の価値を今日的にアップデートし、オリジナルブランドのD2Cサブスク（ダイレクト継続販売）を開始する。これを順次拡大することで、OEMによる売り上げの落ち込みをカバーする。

→新ブランドが力を持った後にD2C以外の卸や小売り経由でも提供し、販売力をさらに拡大する方針。

→価格が高くても流通経路を通して量を多く売れる仕組みを検討する。

2. 具体的内容

（1）D2Cサブスクリプションを導入する理由

- 品質や使用感が良くブランド力がありファンも多い。
- 替え刃は消耗品であり、定期的に同じ商品を買うことが多い。
- 替え刃は定期的に購入するもので、店舗に買いに行くのが面倒と感じる人も多い。
- シェービングをしないと不快であったり、人前に出ることができなかったりするペインがあり、シェーバーはこれを解消する。
- 通販のサブスクリプションにすることで販路コストや営業コスト、広告宣伝費を抑えられ、商品を低価格で提供可能。

3. データとデジタルの活用

• 販売サイト、スマホアプリ

オリジナル新製品の予約、販売、意見交換、写真投稿、動画投稿、要望の投稿などができる販売サイト、ファンサイトやスマホアプリを提供する。

• コンテンツマーケティング

動画や写真で紹介されるファンの利用ストーリーを活用するコンテンツマーケティングを行う。

• データ分析

見込み客から顧客、ファン化するまでの動きを明らかにするためにデータを分析し、レコメンドや見込み客、購買客、ファンなどの属性ごとに最適のコンテンツを提供できるようにする。

以上

演習問題9

IoTビジネス

本節はIoTビジネスをどう実際のビジネスに落とし込むのかの演習だ。スポーツウエアとビジネスウエアを手掛けるメーカーを例に考える。

企業の状況

ヤマノ（仮名）は、1960年代から事業を続けるスポーツウエアとビジネスウエアのメーカーである。米国の素材メーカーで化学繊維を研究していた山野氏が創業した。

山野氏は米国で研究中に偶然、伸縮性が通常より高い繊維素材を発見し、商品化権を買い取り日本に持ち帰った。「アクティブストレッチ」と名付けて商品化したところ、伸縮性に優れるだけでなく、軽くて速乾性も高いので生徒や保護者の評判を呼び、商圏の学校指定運動着市場をほぼ独占するほどになって、安定した業績を上げてきた。

しかし少子高齢化が進むにつれ、学生向け運動着の市場は縮む一方だ。そこで、数年前に当時流行りはじめたアクティブスーツ（化学素材を用いた、軽くて、動きやすく、はっ水性に優れたビジネススーツ）にアクティブストレッチを使い、2つ目の柱としてビジネスを拡大させる戦略を取った。

狙いは当たり、野外で仕事をする営業担当者や現場作業員に評価され、建設現場作業員向けを中心に売り上げは拡大した。だがコロナ禍での在宅勤務が増え、ビジネスウエアの市場自体が縮小したため、アクティブスーツ事業も前年度比マイナス成長に追い込まれた。

どうすればヤマノは再び事業を成長軌道に乗せることができるだろうか。

問題解決、DXの方向性

このケースでポイントになるのは、アクティブストレッチというヤマノ独自の差別化された素材をどの分野で広めるかである。アクティブスーツは伸び悩んでいる。作業用ウエア全般でみればライバルが多く、ヤマノが入り込むのは簡単ではない。

といって、カジュアル衣料などへの進出も現実的ではないだろう。D2Cブランドとして、アクティブストレッチの良さをアピールして、ファンを増やす方法はあるが、カジュアル衣料はデザインや顧客体験が重要であり、ノウハウがないヤマノにはハードルが高い。

活用するビジネスの仕掛け＝IoTビジネス

ここで考えたいビジネスの仕掛けがIoTビジネスである。B2B（対企業）向けにより高い付加価値を提供することを考える。たとえば、センサーを取り付け、着ている人のデータを収集できる付加価値衣料などが

B2B作業用ウエアメーカーを対象としたIoTビジネスのチェックリスト　出所：筆者

チェック項目	内容	解答記入欄
①商品に内蔵されたセンサー、または外付けセンサーやその他の仕組みでデータを自動的に取得できること	商品の価値を高めるデータを定期的に取得できる。建設機械やタクシーなら稼働データ、スポーツ用品なら運動データ　など	
②データを使って得られる商品価値に社会課題解決の要素があること	データを生かすことで、商品に健康、安全、効率化、環境に良いなどの価値が付加でき、多くの人に共感される	
③利用者にメリットがあること	• 利用者が楽になる、苦痛がなくなるなどのメリットがある • 継続的に使いたくなる	
④事業者にメリットがあること	事業者にメリットがある 〈例〉生産性が高くなる、代替で減らせるコストや時間がある　など	
⑤データを継続的に使うことで、さらに価値が高まること	継続的にデータを取得、または新しいデータが追加されることで商品価値が高まる。 〈例〉継続利用で良くなる、うまくいかないケースの根絶に使える　など	

考えられる。センサー技術はＯＥＭ提供してもらえばいい。作業員の健康や作業管理ができるスマートウエアなら新しいビジネスの可能性が広がる。

具体的にはどのようにＩｏＴビジネスに取り組めばいいのか。チェックリストを使うことで、ＩｏＴビジネスによって消費者に訴求できる作業用ウエアの価値を考え、競争力を持たせることができる。

ここからが演習問題だ。Ｂ２Ｂ作業用ウエアメーカーを対象とするＩｏＴビジネスのチェックリスト（前ページ）を用意したので、チェック項目のそれぞれについて、どういった条件を満たすべきなのかを考え、チェックリストの一番右側の空白部分を埋めてほしい。

制限時間は60分とする。Ｂ２Ｂ作業着メーカーで分からないことがあればまずスマホで調べてほしい。

IoTビジネスのチェックリストの模範解答

筆者の考える模範解答を埋めたチェックリストを次ページに示す。続く文章を含め演習問題を完成させてから読んでほしい。

衣料にセンサーを付ければ、脈拍、体温、作業時間などのデータを常時収集できるようになる。着ている人の状態をリアルタイムで把握することが大きな価値をもたらす領域がある。人手による現場作業が不可欠な業種だ。

脈拍や体温、作業時間などが分かれば、安全に働けているかどうかを遠隔から知ることができる。異常の予兆が見えれば、休憩するよう指示すればいい。

過酷な環境下で働く作業員の健康や安全の管理に対する関心は高まっている。労働環境の改善は人員確保にもプラスに働くし、社会課題の解決でもある。

身体を動かしやすく現場での作業に適したアクティブストレッチに、労働状況が把握できる各種センサーを付属させた作業用ウエアを提供すれば、明確に他社製品と差別化できる。さらに収集したデータは商品の改善や事業者の生産性向上、あるいは安全性強化の取り組みに生かすこともできる。

以上のようなチェックリストの検討を経て、最終的には次ページのような経営改善の企画をまとめればいい。


B2B作業用ウエアメーカーを対象としたチェックリストの模範解答　出所：筆者

チェック項目	内容	解答記入欄
①商品に内蔵されたセンサー、または外付けセンサーやその他の仕組みでデータを自動的に取得できること	商品の価値を高めるデータを定期的に取得できる。建設機械やタクシーなら稼働データ、スポーツ用品なら運動データ　など	作業員の脈拍、体温、作業時間などのデータを収集し健康管理を行う、作業の安全管理を行う　など
②データを使って得られる商品価値に社会課題解決の要素があること	データを生かすことで、商品に健康、安全、効率化、環境に良いなどの価値が付加でき、多くの人に共感される	暑い夏や寒い冬でも野外で作業員の健康管理ができる、安全管理ができるスマートウエアは社会性が高い
③利用者にメリットがあること	•利用者が楽になる、苦痛がなくなるなどのメリットがある •継続的に使いたくなる	体調が悪くなる前に休憩指示が出せる、ケガや事故が減るなど
④事業者にメリットがあること	事業者にメリットがある 〈例〉生産性が高くなる、代替で減らせるコストや時間がある　など	•他社の商品と差別化できるので価格が高くても売れる •データを他の商品開発にも使える
⑤データを継続的に使うことで、さらに価値が高まること	継続的にデータを取得、または新しいデータが追加されることで商品価値が高まる。 〈例〉継続利用で良くなる、うまくいかないケースの根絶に使えるなど	•利用者アンケートでの満足度、不満度のデータを得ることで商品改善に使う •事業者側の生産性向上データ、事故状況減少データを使って、商品をPRする　など

最終的なDXのプラン

センサー付き作業用ウエア
「スマートアクティブウエアシリーズ」の開発について

1. 企画概要

建設現場作業員の作業生産性向上、健康管理、安全管理を行う機能を備えた、センサー付き作業用ウエア「スマートアクティブウエアシリーズ」を開発し、新市場を開拓、ヤマノの売り上げを向上させる。

2. 具体的内容

アクティブストレッチを使ったセンサー付き作業用ウエア（作業用上着、ズボン、シャツ）を市場投入する。アクティブストレッチ素材の製造は今まで通りヤマノの工場で行うが、内蔵または外付けセンサーは、提携先のセンサーメーカーに製造委託する。

(1) スマートアクティブウエアの新商品

センサー付き作業用上着、ズボン、シャツ　など

(2) スマートアクティブウエアの訴求ポイント

- 暑い夏や寒い冬でも野外で作業する人の健康管理ができる、安全管理ができるスマートウエアは社会性が高い
- 体調が悪くなる前に休憩指示が出せる、ケガや事故が減る　など
- 他社の商品と差別化できる、価格が高くても売れる
- 取得データを新商品開発に活用できる

3. データとデジタルの活用

(1) IoTプラットフォーム

- センサーを導入してウエアに内蔵または外付けし、センサーから取得した情報はスマホに無線連携され、クラウドサーバーで分析したうえで蓄積される。

(2) リアルタイム行動指示

- 体温や脈拍など取得したデータを分析し、熱中症や低体温症、極度の疲労などの状態になった場合には作業者と作業管理者に指示を出す。
- データ分析

「リアルタイム行動指示」で使うために、収集したデータを分析し、体温、気温、脈拍などのデータを分析し、判定用基礎データを生成する。

以上

レガシーシステムエンジニアのリスキリング

このコラムでは、40代半ばでリスキリングを体験した私自身の事例をお伝えしたい。皆さんの周りにも、昔は仕事がデキたのに、今は当時の面影がなく、苦労している人がいないだろうか。このような人たちが再度活躍できるヒントになれば幸いである。

エンジニアとして成功体験を積む

筆者が、大阪に本社を置くシステム子会社に配属になったのは今から20年前、住友生命に入社し3年がたった頃だ。以降16年間、メインフレームのアプリ部門で新たな生命保険商品の開発を担当した。求められたのは、決められたルールに従ってミスなく開発すること、正確に把握してユーザー要件の通りに開発すること、諸先輩が何十年も積み重ねて作り上げた複雑なシステム仕様を把握し保守することだった。

最初は目の前の仕事をこなすだけで精いっぱいだったが、続けていれば詳しくなる。数年がたつうちに周囲から一目置かれるようになり、最後の数年は新商品開発のプロジェクトマネジャーとして10億~20億円規模のプロジェクトを任されるようになった。

そんな私に２０１８年3月、東京のシステム企画推進部門への異動辞令が出た。当時は4カ月後にローンチが迫っていた住友生命Vitalityの社内保険管理システムの開発に一定のメドが立ったところで、自信満々で新しい職場での仕事に着任したのを覚えている。

転勤、そして突きつけられた現実

しかし、待っていたのは絶望に打ちひしがれる日々だった。

着任してまず担当したのは、住友生命Vitalityのシステム開発の全体管理だ。住友生命Vitalityは、従来型の生命保険と健康サービスプログラムがセットになった総合サービス商材であり、健康サービスプログラムは初めて自社のスマホアプリを開発し提供するものだった。システムの受け入れテストを担当するユーザー部門からの報告では、特定機種のスマホやOSのバージョンによって画面表示やアプリの挙動がおかしくなる不具合がいくつか発生している。

ここで壁にぶつかった。従来のやり方では、不具合を見つけるためには、取りうる全てのパターンを網羅してテストするのだが、世の中にあふれるスマホ、さらにバージョンの異なるOSをどうテストしたらいいのかが分からない。会社でテスト用に数種類のスマホを購入していたが、全機種というにはほど遠い。スマホアプリの開発に関しては、社内にも知見がなく、途方に暮れた。

住友生命Vitalityに「Vitalityコイン」というポイントプログラムを追加すると決まった時もそうだ。航空会社のマイルや家電量販店のポイントを使っていたので、ポイント自体を管理するシステムの構築イメージはあったが、ポイント交換の仕組みはイメージできなかった。何よりも開発期間が足りない。従来のやり方でシステムを開発した場合、1年以上かかることが見込まれたが、ローンチまでの期間は半年もなかった。

今ではどちらも外部ベンダーのサービスを使って解決すればいいと分かっているが、決められたルールに従って社内システムしか開発してこなかった筆者には、社外のサービスを探す力はなかったし、それどころか社外にサービスがあると発想することすらできなかった。

つらかったのが社外との打ち合わせだった。住友生命Vitalityのローンチ後、サービスのアップデートや新しいビジネスの実現に向け、外部ベンダーと話す機会が増えたが、自分だけでは全くと言っていいほど話を進めることができなかった。ベンダーが話す内容が理解できないからである。

「ネットワーク効果を狙いましょう」「リードナーチャリングが必要ですね」「今の状態だと解像度が低いです」。自社の保険商品の仕組みやシステム仕様、開発を高品質に進めるノウハウには自信を持っていたが、新しいことをやろうとするなかで、既存の知識、スキルはほとんど役に立たなかった。

アンラーン・リラーン

悩んでいた時、上司から受けた指導が「アンラーン・リラーン」だった。「アンラーン」とは、すでに学んだ知識・思考・習慣などを一旦リセットし、従来の価値観や思い込みの壁を打ち壊すこと、そのうえで「リラーン」として新しい知識・思考・習慣などを学び直すことである。

まず徹底して自分が積み上げてきた自信や仕事に対する価値観をリセットされた。これが一番しんどい。ただ、アンラーンなしで成長は望めない。従来のやり方で太刀打ちできない状況に陥った時、過去の成功体験にしがみついても殻を打ち破れないからである。

上司の言葉は、時に刺激的だった。例えば「ここの仕事は資料作成が全てだ」「資料を作るのに事実なんてどうでもいい」。実際には資料作成以外の仕事もたくさんあるし、事実に基づかない資料を作っていいわけでもない。これまで筆者は、ルールがある仕事に慣れていたが故に合意形成に必要な資料作成の労力を軽視する一方、正確なシステム開発を目指すが故に詳細な事実確認に相当な時間をかけていた。上司の言葉は、そんな筆者に対するものだったからこそだと理解している。

アンラーンと併せ、リラーンも行った。仕事中、常にスマホを使うように指導を受けた。何だか分からない言葉が出た際、すぐにスマホで検索する習慣を付けるためである。業務中にスマホは触るべきではないと思っていた筆者には新鮮だった。ネットには、新しいビジネスのキーワードに関するいろいろな情報がある。時には直接仕事とは関係ないようなことも織り交ぜながら、分からないことはすぐ調べる習慣が身に付いていった。

情報だけを入れたところで、活用できないと意味がない。ビジネスの仕掛けについては、上司が出題したクイズで考えさせられることもよくあった。自社が抱えている課題と絡めながら検討する。

どうしたら今までリーチできなかった新しい顧客を増やせるのか、新しい顧客を増やすことに成功した企業は、どんなデータやデジタルを使い、どんなビジネスの仕掛けで顧客のペインを解決したのか、自社に当てはめるとどんなことができるのか、こんなことを質問され、自分の考えを述べ、上司の反応や考え方を聞く、ということを繰り返した。

意識が変わった

このようなことを続けるうち、自分でもはっきりとビジネスに対する苦手意識がなくなったのを自覚するようになった。以前は、「自分はビジネスのことが分かっていない」という引け目があったため、社内のマーケティング部門に対して意見を言うことはなかったし、社外の相手とのビジネスに関する会話も、可能な限り避けていた。

DXビジネスにかかわったことで、「最近の世の中で流行っているビジネスは、こんな仕掛けを使って考えられている」ということが理解できるようになり、意識が変わった。社内はもとより、社外のさまざまな分野の最先端企業の相手との会話にもものおじしなくなったのである。

まだ知識面、経験面で不十分なところはあるが、スマホを使えばおおよそはネットで調べられる。調べる習慣が身に付き、理解が進むと、新しいことに前向きに取り組めるようになる。

自分でも新しいビジネスを考えることができる、自社（住友生命）のブランドメッセージのように、世の中に対して「あなたの未来を強くする」ことができると思うと、ワクワクしてくる自分がいる。40代の半ばでこういう気持ちで仕事ができることを幸せに感じている。

第4部

リスキリングはこう進める

第7章

リスキリングの対象人材と方法

第1部ではDXを進めるうえで顧客価値、さらにビジネスの仕掛けを知ることの重要性を解説した。第2部では17のビジネスの仕掛けの内容を解説し、全てに成功するためのポイントをまとめたチェックリストも提示した。第3部では、チェックリストを参考にしながら、具体的にビジネスの仕掛けをどう落とし込むかを身に付けるための9つの演習問題を掲載している。

第4部では、実際にリスキリングを進める際に必要な知識やコツを解説する。本章では改めてリスキリングとは何かから始め、有効な5つの手法、さらには住友生命グループの実例を示す。

リスキリングとは「できなかった」ことが「できるようになる」こと

リスキリングとは、もともとは「スキルを身に付け直す」という意味だ。今では「新しい知識、スキルを身に付けること」という意味でも使われるが、筆者は「できなかったことができるようになり、以降、それを繰り返せること」と定義している。

まずできなかったことをしっかりと理解することが重要だ。自分ができると思っていることでも、他人（上司、上長、同僚など）から見ると「できていない」「必要な水準に達していない」ケースがある。できていないことがあいまいだと目的が明確にならず、リスキリングの方法も不明確で、リスキリングプログラムを作ることができない。

リスキリングには、まず「できないこと＝できるようになるべきこと」を個人および組織全体で定義し、誰もが同じ認識を持つことが必要である。上司が「ＤＸ人材として成長してほしい」といきなり言っても、「ＤＸ人材とは何だろう？　どうすればいいのか分からない」と部下は迷うだろう。重要なのは「どのようなことができる人にリスキリングしてもらうか」を明確にすることだ。

何度も書いてきたが、ＤＸの本質は価値創造であり、実現手段としてビジネスの仕掛けを使う。企業や団体ごとに目指すものは違うから、ＤＸによる経営改革の姿も各社、各団体で異なる。

よって必要なリスキリング項目も企業によって異なる。そのうえで、どのような人材にリスキリングしてもらうかの方針を決め、「リスキリングプログラムをどう作るのか」を考えるのが重要である。

複数種類のＤＸ人材が存在

もう１つ理解すべきなのは、ＤＸにかかわる人材は1種類ではないことだ。経営改革なのだからかかわる領域は幅広い。１種類の人材で全てをこなすのは不可能である。求める人材像に応じたリスキリングを施す必要がある。

ではどういった人材が求められるのか。人材像をとらえるヒントになる資料が２つあるので紹介したい。「デジタル・トランスフォーメーション（ＤＸ）推進に向けた企業とＩＴ人材の実態調査」（２０２０年5月公開）と「デジタルスキル標準（ver.1.0）」（２０２２年12月公開）である。前者はＤＸ推進のための人材や組織体制の整理・類型化を目的としたもので独立行政法人情報処理推進機構（ＩＰＡ）が、後者はＤＸを推進する人材の役割や習得すべきスキルを定義したもので経産省とＩＰＡがまとめた。

「デジタル・トランスフォーメーション（ＤＸ）推進に向けた企業とＩＴ人材の実態調査」はＤＸ人材を7種類に定

義している。具体的には①プロダクトマネージャー、②ビジネスデザイナー、③テックリード（エンジニアリングマネージャー、アーキテクト）、④データサイエンティスト、⑤先端技術エンジニア、⑥ＵＩ／ＵＸデザイナー、⑦エンジニア／プログラマである。

同調査によれば、プロダクトマネージャーは「管理職クラス、事業のエース、それに準ずる人材を任命することが多く、変革課題を持っている人、課題設定力がある人、ビジョンを提唱し、行動に移す、想いのある人が向いている」とされている。またビジネスデザイナーについては「ビジネスと技術の両方に明るい人材が望ましいが、特にビジネスをよく理解している人材、自発的に行動し、チャレンジできる人材が向いている」とある。プロダクトマネージャー、ビジネスデザイナーとも社外から招くのではなく、内部育成（リスキリング）が望ましいとされており、ビジネスに強く、問題解決力、実行力のあるＤＸ企画・推進人材の確保にはリスキリングが大きな意味を持つのが読み取れる。

デジタルスキル標準（ver.1.0）では5種類

もう1つの「デジタルスキル標準（ver.1.0）」で定義するＤＸ人材は５種類だ。具体的には①ビジネスアーキテクト、②デザイナー、③ソフト

IPAの「デジタル・トランスフォーメーション（DX）推進に向けた企業とIT人材の実態調査」によるDXに対応する人材の呼称と定義

出所：IPA

DXに対応する人材の呼称	定義
①プロダクトマネージャー	DXやデジタルビジネスの実現を主導するリーダー格の人材
②ビジネスデザイナー	DXやデジタルビジネス（マーケティング含む）の企画・立案・推進等を担う人材
③テックリード（エンジニアリングマネージャー、アーキテクト）	DXやデジタルビジネスに関するシステムの設計から実装ができる人材
④データサイエンティスト	事業・業務に精通したデータ解析・分析ができる人材
⑤先端技術エンジニア	機械学習、ブロックチェーンなどの先進的なデジタル技術を担う人材
⑥UI／UXデザイナー	DXやデジタルビジネスに関するシステムのユーザー向けデザインを担当する人材
⑦エンジニア／プログラマ	システムの実装やインフラ構築・保守等を担う人材

ウェアエンジニア、④データサイエンティスト、⑤サイバーセキュリティである。

デジタルスキル標準ではビジネスアーキテクトは「新規事業開発であれば、新しい事業、製品・サービスの目的を見出し、新しく定義した目的の実現方法を策定したうえで、関係者をコーディネートし関係者間の協働関係の構築をリードしながら、目的実現に向けたプロセスの一貫した推進を通じて、目的を実現する。既存事業の高度化であれば、既存の事業、製品・サービスの目的を見直し、再定義した目的の実現方法を策定したうえで、関係者をコーディネートし関係者間の協働関係の構築をリードしながら、目的実現に向けたプロセスの一貫した推進を通じて、目的を実現する。社内業務の高度化・効率化であれば、社内業務の課題解決の目的を定義し、その目的の実現方法を策定したうえで、関係者をコーディネートし関係者間の協働関係の構築をリードしながら、目的実現に向けたプロセスの一貫した推進を通じて、目的を実現する」と記載されている。

またデザイナーは「サービスデザイナーであれば、社会、顧客・ユーザー、製品・サービス提供における社内外関係者の課題や行動から顧客価値を定義し製品・サービスの方針（コンセプト）を策定するとともに、それを継続的に実現するための仕組みのデザインを行う」と、

IPAのデジタルスキル標準（ver.1.0）によるDX人材の類型と役割 出所：IPA

類型	役割
①ビジネスアーキテクト	DXの取組みにおいて、ビジネスや業務の変革を通じて実現したいこと（=目的）を設定したうえで、関係者をコーディネートし関係者間の協働関係の構築をリードしながら、目的実現に向けたプロセスの一貫した推進を通じて、目的を実現する人材
②デザイナー	ビジネスの視点、顧客・ユーザーの視点等を総合的にとらえ、製品・サービスの方針や開発のプロセスを策定し、それらに沿った製品・サービスのありかたのデザインを担う人材
③ソフトウェアエンジニア	DXの推進において、デジタル技術を活用した製品・サービスを提供するためのシステムやソフトウェアの設計・実装・運用を担う人材
④データサイエンティスト	DXの推進において、データを活用した業務変革や新規ビジネスの実現に向けて、データを収集・解析する仕組みの設計・実装・運用を担う人材
⑤サイバーセキュリティ	業務プロセスを支えるデジタル環境におけるサイバーセキュリティリスクの影響を抑制する対策を担う人材

ＵＸ／ＵＩデザイナーであれば「バリュープロポジションに基づき製品・サービスの顧客・ユーザー体験を設計し、製品・サービスの情報設計や、機能、情報の配置、外観、動的要素のデザインを行う」と、グラフィックデザイナーであれば「ブランドのイメージを具現化し、ブランドとして統一感のあるデジタルグラフィック、マーケティング媒体等のデザインを行う」とある。

リスキリングすべきはＤＸビジネスの知識とスキル

「デジタル・トランスフォーメーション（ＤＸ）推進に向けた企業とＩＴ人材の実態調査」に記載されたプロダクトマネージャーは、「ＤＸやデジタルビジネスの実現を主導するリーダー格の人材」であり、ビジネスデザイナーは「ＤＸやデジタルビジネス（マーケティング含む）の企画・立案・推進などを担う人材」である。テックリード（エンジニアリングマネージャー、アーキテクト）はＤＸやデジタルビジネスに関するシステムの設計から実装ができる人材である。さらに、ＵＩ／ＵＸデザイナーはＤＸやデジタルビジネスに関するシステムのユーザー向けデザインを担当する人材と定義されている。

もう一方のデジタルスキル標準の共通スキルリストでは、全ＤＸ人材に共通するスキルとして5つのカテゴリーを定義しているが、その1つにビジネス変革があり「戦略・マネジメント・システム」「ビジネスモデル・プロセス」「（ビジネス）デザイン」というビジネススキル項目がある。

これら2つで言及しているＤＸ人材に共通するのは、ビジネスに関する高い知識やスキルが求められるということだ。役割は、ビジネス部門と一緒にビジネス改革であるＤＸやデジタルビジネスの上流フェーズを固めること。日本企業のシステム開発は、ビジネス部門が要件を提示し、システム部門が開発するという役割分担が一般的で、ビジネス部門にはビジネス知識、スキルがあっても、システム開発に関する知識、スキルがないことが多い。

逆にシステム部門や外部開発ベンダーには、ビジネス知識やスキルが乏しいので、DXやデジタルとビジネスを一体で考える知識、スキルを持つ人材が足りないという流れになっていると推測される。DX人材強化のために、DXビジネスの知識、スキルに関する既存人材の学び直しが意味を持つ。本書で、価値創造とビジネスの仕掛けの重要性と内容を、演習問題まで付けて詳しく解説したのはこの理由によるものだ。

リスキリングに有効な5つの手法

では実際のリスキリングはどう進めるべきか。一般に、人材が新しいことを身に付ける場合には、自己学習、座学型研修、ワークショップ型研修、実践型演習、実務での育成（ＯＪＴ）などの手法を用いる。ＤＸのリスキリングも同様である。

▼リスキリングに有効な5つの手法

① 自己学習
② 座学型研修
③ ワークショップ型研修
④ 実践型演習
⑤ 実務での育成（ＯＪＴ）

それぞれの学習効果を考慮しながら、受講者の業務状況（時間は取れるか、勤務地などを考えても無理なく参加できるかなど）や得られる学習効果など踏まえ、リスキリングのプログラムを考える。以下で具体的に説明する。

①自己学習

自己学習には、テキストや本、雑誌記事を読む、理解度テストを行う、ｅラーニングを受講するなどの方法がある。基礎的なものを含めて多くの知識を吸収し、確認テストや試験で学習結果を客観的に自己把握できるタイプの学習に向いている。資格試験、認定試験や確認テスト付きのｅラーニングなどを使うと教育効果が出やすい。

ただし、単にテキスト、本、雑誌、Ｗｅｂ記事を読むといっただけで目的が明確でない場合や、テストなどの知識習得の成果を確認する方法がない場合は、個人の裁量、判断によって知識習得レベルがまちまちになりやすい傾向がある。時間をかけても学習効果があまり出ないこともあるので、認定試験などを併用すべきである。

2系統のＤＸ関連検定制度

自己学習のなかでも検定制度は基礎知識の習得に有効な制度だ。ＤＸ人材への注目が集まるなか、検定制度の整備

DX検定とDXビジネス検定の位置づけ

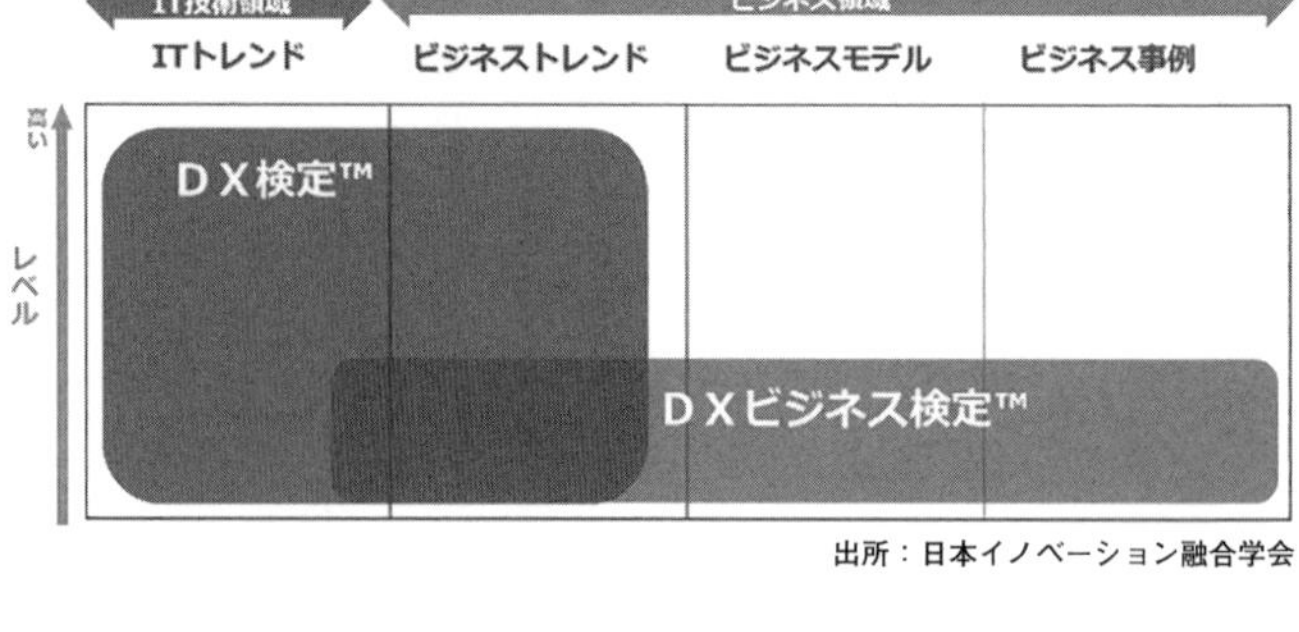

出所：日本イノベーション融合学会

も加速している。DXにかかわる人材が習得すべき領域は幅広く、今後も多くの試験が登場すると考えられる。

ただし2023年2月時点で、公的な認定試験や検定試験はない。筆者が知る限りで実施されているのは、日本イノベーション融合学会の「DX検定」「DXビジネス検定」と、全日本情報学習振興協会が実施する「DX推進アドバイザー認定試験」「DXオフィサー認定試験」の2系統である。

これらのDXに関する検定を、必要に応じて利用すればいい。注意すべきは、スコア型検定の場合、むやみに種類を変更しないということだ。

スコア型の検定は継続して数値を取得することで長期的な人材の能力向上が客観評価できる。毎回変更すると継続的な評価が難しくなるので、考慮のうえ、検定やアセスメントツールなどを選ぶことが必要である。

DX推進に検定制度を生かそうとすれば、どちらかの系統を選ぶことになるから、それぞれについて解説する。

DX検定

DX検定は日本イノベーション融合学会が日本のイノベーション人材育成のために実施しているDX用語に関する知識を問う検定試験である。1年に2回（1月と7月）行われるWeb形式の試験で、試験時間は60分間、合計120問で実施される。

DX検定の内容

試験名称	DX検定（日本イノベーション融合学会＊ITBT(R)検定）
出題概要	IT先端技術トレンド（IT）とビジネストレンド（BT）の知識検定
試験概要	60分で120問の知識問題（多肢選択式） Web受検（自宅、会社のPCまたはタブレットでの受検が可能）
レベル認定	成績優秀者はスコアに応じ、以下のレベル認定証が発行。 スコア800以上→DXプロフェッショナル レベル スコア700以上→DXエキスパート レベル スコア600以上→DXスタンダード レベル レベル認定は2年間有効

出所：日本イノベーション融合学会

２０１８年7月より実施されており、出題はＩＴ系問題とビジネス系問題で構成されている。成績優秀者はスコアに応じ、８００以上を「ＤＸプロフェッショナル レベル」、７００以上を「ＤＸエキスパート レベル」、６００以上を「ＤＸスタンダード レベル」に認定する。

ＤＸビジネス検定

ＤＸビジネス検定も日本イノベーション融合学会が運営するＤＸ用語を問う検定試験だが、「ビジネス」と名前がついている通り、ビジネス用語により重点を置いて出題される。１年に2回（4月と10月）のＷｅｂ形式の試験で、試験時間は60分間、96問で実施される。

ＤＸでは、データとデジタル、ビジネスモデル、さらにはＤＸのビジネス事例を含めた知識が必要だという考え方にのっとり、ＤＸ基礎、デジタル基礎、データ基礎、マーケティング基礎、ビジネスモデル、ビジネス事例の内容で出題される。２０２１年から実施されており、成績優秀者はスコアに応じ、８００以上を「ＤＸビジネスプロフェッショナル レベル」、７００以上を「ＤＸビジネスエキスパート レベル」、６００以上を「ＤＸビジネススタンダード レベル」に認定する。

筆者はＤＸ検定と、ＤＸビジネス検定の開発段階から利用企業の立場で参加して、現在もＤＸ用語の入れ替えや問

DXビジネス検定の内容

試験名称	DXビジネス検定（日本イノベーション融合学会）
出題概要	デジタル基礎、ビジネス基礎、ビジネスモデル、ビジネス事例の知識検定
試験概要	60 分で96問の知識問題（多肢選択式） Web受検（自宅、会社のPCまたはタブレットでの受検が可能）
レベル認定	成績優秀者はスコアに応じ、以下のレベル認定証が発行。 スコア800以上⇒「DXビジネスプロフェッショナル レベル」 スコア700以上⇒「DXビジネスエキスパート レベル」 スコア600以上⇒「DXビジネススタンダード レベル」 レベル認定は2年間有効

出所：日本イノベーション融合学会

題のレベルをチェックしている。ＤＸ検定とＤＸビジネス検定はＤＸ人材をリスキリングしようとする企業の人が作る検定試験というのがコンセプトである。

ただ検定を受けるだけでは学習は進まない。検定を受けるために何をすべきかも、日本イノベーション融合学会では明らかにしている。ＤＸ検定であれば、独自に作成した学習シラバス（協会のホームページから無料でダウンロード可能）でどういった用語が出題されるかが把握できる。検定準拠ｅラーニング教材の「ＤＸ Study」を用意し、９冊の推薦図書も公表している。ＤＸビジネス検定も同様に学習シラバスと８冊の参考書籍を公表している。これらを利用すれば確実にＤＸに関する知識は深まる。

ＤＸ推進アドバイザー認定試験

ＤＸ推進アドバイザー認定試験は全日本情報学習振興協会が、ＣＤＯ（最高デジタル責任者）、ＣＤＸＯ（最高ＤＸ責任者）にアドバイスできる人材育成のために実施している。ＤＸに必要な能力を問う認定試験だ。初回は２０２１年10月に実施された。

マークシート式の会場試験（オンライン受験も可能）で、試験時間は90分、１００問で実施され、出題はＤＸの現状、ＤＸの技術、ＤＸの展開の３分野で構成される。合格者には、認定証書と認定カードを付与する。

DX推進アドバイザー認定試験の内容

試験名称	DXアドバイザー認定試験 （一般財団法人全日本情報学習振興協会）
出題概要	DXの現状、DXの技術、DXの展開の3分野で構成
試験概要	90分で100問（多肢選択式） 会場試験（オンラインも可能）
合格基準と特典	70%以上の正解 合格者には認定証書と認定カードの付与

出所：全日本情報学習振興協会のWebサイトのデータを基に作成

DXオフィサー認定試験

DXオフィサー認定試験も全日本情報学習振興協会が運営する認定試験だ。CDO、CDXOなどの受験を想定している。初回が2021年11月に実施された。

マークシート式と記述式併用の会場試験（オンライン受験も可能）で、試験時間は150分、102問で実施され、出題はDXの現状、DXの技術、DXの展開の3分野で構成される。合格者には、認定証書と認定カードが付与される。

全日本情報学習振興協会は2つの認定試験の参考資料として『今すぐ知りたいDXの基礎』（日経BP）と『【図解】コレ1枚でわかる最新ITトレンド』（技術評論社）の2冊の書籍、政府やIPAなどが公開したダウンロード可能な各種資料を公開している。具体的には以下の10種類になる。いずれもDXに関する知識を学ぶには有用なものだ。

「デジタルガバナンス・コード2.0」
「デジタルトランスフォーメーション銘柄（DX銘柄）2022」
「DXレポート2.1（DXレポート2追補版）」
「DX白書2021」エグゼクティブサマリー
「DXレポート～ITシステム「2025年の崖」の克服とDXの本格的な展開～」
「DXレポート2（中間取りまとめ）」
「デジタル・トランスフォーメーション推進人材の機能と役割の在り方に関する調査」

DXオフィサー認定試験の内容

試験名称	DXオフィサー認定試験
出題概要	DXの現状、DXの技術、DXの展開の3分野で構成
試験概要	150分で102問（多肢選択式と記述式） 会場試験（オンラインも可能）
合格基準と特典	70%以上の正解 合格者には認定証書と認定カードの付与

出所：全日本情報学習振興協会のWebサイトのデータを基に作成

「ＡＩ利活用ガイドライン〜ＡＩ利活用のためのプラクティカルリファレンス〜」
「人間中心のＡＩ社会原則（内閣府）」
「ＤＸ認定制度 認定事業者の一覧」

②一般講義型集合研修

ここからは研修について説明する。まず一般講義型集合研修だ。

1カ所に集まって講義を聞く研修で、最もオーソドックスな教育手法である。研修場所の確保や講師、受講者の移動時間、移動交通費、宿泊費などのコストが発生するため、現在はオンライン会議システムの利用が増えている。

研修の時間も特定せず、動画を各自ＰＣやスマホで視聴するなどの方法もある。最近は短い動画などの教育コンテンツをスマホで視聴する方法（マイクロラーニング）が主流になってきた。

マイクロラーニングとは、最大10分程度で完了する動画で、4択クイズなどの教育コンテンツ（マイクロコンテンツ）を併用する学習方法のことである。スマホなどで移動時間など、すき間時間を使って効果的に学習できる。短い時間で完了できるコンテンツを使うのは、人はあまり長くは集中できないので、すき間時間を有効活用し、こまめに学習できた方がいいという考えによるものだ。

教える側、学ぶ側ともにあまり手間がかからないというメリットはあるが、以下に示すワークショップ型研修よりも効果が劣ることが多い。

③ワークショップ型研修

基本は数十人単位で1カ所に集合して実施し、グループ討議や討議結果のまとめ、発表（プレゼンテーション）などが含まれる能動的参加方式の研修である。ワークショップ型研修の利点は、グループで討議するため、研修テーマに関して、自分と他人の理解を比較できることだ。「自分の理解は深くない」「自分は理解できている」「自分の解釈と他人の解釈が違う」「他人は、そう理解しているのか」などの気付きが生まれ、これが刺激となり、理解が深まるなど、学習効果の向上につながる。

他人と一緒に参加しているので、「しっかり研修に参加しないといけない」「グループ討議でリーダーシップを発揮したい」「他人に負けたくない」といった競争意識が刺激され、学習意欲の向上が期待できる。

ワークショップ型研修では発表など、必ず何らかのアウトプットを課すといい。アウトプットの過程で、「どうすれば他人に理解してもらえるのか」「なぜ、こうなのか理由を書くべき」などの点を考えることで、理解が深まるからだ。

他人に教えることによる学習効果の向上も期待できる。受講者が他の受講者に教えるためには自分が理解しないといけない。理解してもらうためには、説明の順番なども考えなくてはならないので、教えるという行為によって、教わる側だけでなく、教える側の理解も深まる。

▼ワークショップ型研修で期待される効果

- **他人からの刺激による学習効果向上**
「自分の理解不足認識」「自分の理解の正当性確認」「他人からの多面的解釈の取り込み」などが学習効果を高める。
- **競争意識による学習意欲向上**
「しっかり参加すべき」「リーダーシップを発揮したい」「負けたくない」などの気持ちが学習意欲を高める。
- **アウトプットによる学習効果向上**

「どうすれば他人に理解してもらえるか」「なぜこうなのか理由を書くべき」などに対する考察が学習効果を高める。

- **他人に教えることによる学習効果向上**

「他人に教えるために自分が理解しないといけない」「このように説明すれば他人は理解できるのではないか」などの考察が学習効果を高める。

DXやビジネスのリスキリングに有効なワークショップ型研修

DXやデジタルビジネスのように受講者が未経験の研修テーマの場合、受講者の頭の中には、関連する知識やスキル、経験がないのがほとんどだ。一般に、人は「新しいこと、未知なこと」よりも「慣れたこと、知っていること」を好む傾向がある。

DXやデジタルビジネスのようにこれまでの仕事では経験していない、知識もスキルもない分野は、「学習意欲が向上しない」「理解が表面的にとどまる」「学習習慣が定着しない」といった理由で学習効果が出ない可能性がある。このような場合に、参加者のモチベーションを高めるワークショップ型研修は有効である。

④実践型演習

実践型演習は、DXの企画・推進人材の育成によく利用される。架空のビジネスケースを想定し、ビジネス要件を固めて商品やサービスを考え、実際に消費者が買ってくれるかなどを実務に近い形で考えたり、検証したりする。実践型演習は、実装の各プロセスについて実際に手を動かして思考するので、知識の習得を超えたスキルアップが期待できる。

⑤実務での育成（ＯＪＴ）

ＤＸの企画・推進人材の育成には、実務での育成（ＯＪＴ）も欠かせない。新しいビジネスを発想する、実ビジネスを作り出す、これをプロジェクトマネジメントするなかで社内調整をしたりするスキルは、ワークショップや実践型演習だけでは身に付かない。

新しい知識、スキルはともかく、これまでとは違う仕事の進め方などはＯＪＴなしで身に付けるのは不可能に近いだろう。指導者（チームリーダー、所属長、アドバイザーなど）が仕事の型となるべき「仕事の方針」「各種調査」「進め方」「関係部門との調整」「社内政治」「社内決裁のルール」などを教え、実務で学んでリスキリングするのがいい。

社外交流によるオープンイノベーションもリスキリング

社内での実務だけでなく、社外との交流（オープンイノベーション活動）によって視野を広げ、知識や考え方、事例、仕事の進め方、共同ビジネス、共同プロジェクトなどの経験から学ぶリスキリングも有効だ。定期的に社外勉強会に参加する、社外の企業と情報交換する、学会などで研究する、雑誌に記事を書く、書籍を執筆するなどの活動もＤＸやデジタルビジネスで必要な能力を身に付けるための良い方法になる。

ＤＸの担当になっただけで外部の人脈は広がらない。残念ながら、社外に出て多くの人と意見交換する、研究をすることに気が引けてしまうチームメンバーもいる。個人の資質や行動特性による部分もあり、メンバー任せは避けるべきだ。指導者は、チームメンバーがオープンイノベーション活動に入っていけるよう、仕事の一部としてアサインすることが重要である。

住友生命グループのリスキリング研修

以下で住友生命グループが、ＤＸ企画・推進人材向けのリスキリングの一環として実際にどのような研修をしているかを紹介したい。

まず住友生命グループでは、ＤＸ企画・推進人材候補者のビジネス知識の習得状況を確認するため「ＤＸビジネス検定」を受ける。

研修に関しては「マインドセット研修」と「ビジネス発想力研修（継続的実践型研修）」の２種類のワークショップ型研修を実施している。

● マインドセット研修

「ＤＸとは何か」「どのような用語を知っておけばいいのか」、「ビジネスを発想する方法」などについて１日（または半日×２日間）で体験する内製の研修である。研修は１コマ30分～１時間の４つのグループワークから構成

ビジネス発想力研修の継続受講者のDXビジネス検定の受験結果

DXビジネス検定(日本イノベーション融合学会)の結果

出所：筆者

されており、4〜6人が1つのグループとして参加する。
2019年に開始し、これまで住友生命グループのエンジニア人材、ビジネス部門の人材、社外の人材など、累計600人以上が受講した。詳細な内容や効果を出すための工夫は、次章で詳しく説明する。

●ビジネス発想力研修（継続的実践型研修）

「協議」「時間を決めて調べる調査」、議論の「発散」「収拾」「まとめ」「プレゼン用資料作成」「発表」「評価」「気付き」などを実務に近い形で学ぶ内製の研修である。ビジネス発想力研修として力を入れているのが、「時事課題と社会課題の解決力」の養成だ。

ビデオ会議のＺｏｏｍを使ったアクティブラーニング型の継続的ワークショップで、1回の研修で対象とするのは、希望者と業務でＤＸビジネスに携わっている人材の合計50人ほど。できるだけ業務に負担をかけないようにしながら、3〜4カ月に1回の頻度で開催する。

テーマは「実際に発生している時事課題、社会課題の解決」にしている。時事課題や社会課題の解決はビジネス発想として難易度が高いこと、今後のビジネスで時事課題や社会課題の解決が不可欠になっていることが選択の理由である。提示するテーマの例は次のようなものだ。

▼ビジネス発想力研修の解決テーマ例

- ウーバーイーツを使って高齢者を健康にする（社会課題）
- 保険とエンタメ業界の協業でお客さまサービスを提供する
- 保険と旅行の協業でお客さまサービスを提供する

- コロナ禍のネットスーパーの価値を高めるビジネス（時事課題）
- コロナ禍の飲食店ビジネスの売り上げアップ（時事課題）
- 地方の豪雪地帯のビジネス活性化（社会課題）
- プロ野球の売り上げを向上させるビジネス（時事課題・コロナ禍）
- 空き家を生かすビジネスモデル（社会課題）

人数は5～6人を1グループとし、1回あたり6～7グループで実施する。各グループメンバーは、テーマを知ってから2～3週間をかけてオンライン会議で議論し、アイデアをまとめ、10分間のプレゼンテーション資料を作成し、発表して評価コメントと改善コメントを受けてもらう。

▼テーマの提示から発表までの流れ

スケジュールとグループ内の役割分担の決定：対面・Zoom

⬇

役割分担を基に各自で調査：個人作業

⬇

調査結果などの共有：非対面・Slack

⬇

各自の案出し：非対面・Slack

⬇

グループ案の調整：対面・Zoom

各自資料作成（ページごとに分担）：非対面・Ｇｏｏｇｌｅスライドなど
⬆
プレゼン資料作成（資料統合）：対面・Ｚｏｏｍ
⬆
プレゼン準備：非対面・Ｓｌａｃｋ

これを年に3～4回、2022年末までに12回実施してきた。最近では住友生命のＤＸ案件を企画してもらうようにしている。

開始から2回目までは、良いアイデアは少なかったのだが、3回目くらいからアイデアの質が高まった。その後も質は高まり続けており、継続によって確実に発想力は向上すると思っている。

研修では、ビジネス発想力と導入プロジェクトを推進する力を、実務で使えるレベルにまで高めることを目指している。基本的な考え方はマインドセット研修と同様だ。

研修の具体的事例と学習効果を向上させる工夫については、次章を参照いただきたい。

第8章

リスキリングを成功させる9つの「学びの仕掛け」

前章でも紹介したが、住友生命グループはＤＸの企画・推進人材を育成するリスキリングの一環として2種類の研修を実施している。本章では、そのうちの「マインドセット研修」の内容を詳しく紹介する。

同時に、リスキリングを成功させる9つの「学びの仕掛け」を明らかにする。学びの仕掛けは筆者が使っている言葉で、「新しいことを効率的に学んでもらうための要素」のことである。研修では学びの仕掛けを使い学習効果を高める。

学びの仕掛けを組み込んだ研修や実務で行動変容を起こす

マインドセット研修と命名しているのは、「マインドセットを刷新するきっかけ」となる研修という意味で、人が持つ仕事をするうえでの考え方、判断基準、常識を意味するマインドセットをＤＸ時代に合わせて見直すことを目的にしている。研修は、ワークショップ型の1日（または半日×2日間）のコースで、受講者がスマホでネット上の情報をヒントに自社の課題を解決する企画を考え、発表（アウトプット）する。

もともとは2019年に、ビジネスの実際を知ってもらおうという目的で、住友生命グループのシステムエンジニア向けに始めた。エンジニア向けで手ごたえがあったので、その後、住友生命グループや多くの他社のビジネス部門向けにも対象を広げ、現在に至っている。

前章でも触れたが、研修は1コマ30分～1時間の4つのグループワークから構成されており、1日通しで行う（半日で2日間開催のこともある）。かなりハードなもので、4～6人を1つのグループとする。具体的な内容は次に示すものになる。

▼マインドセット研修の内容

カリキュラムの構成

- グループワーク（1）DXとは何か

【テーマ】DXとは何かを理解する

DX関連用語をネットで調べ説明する

- グループワーク（2）DXによるビジネスモデルの変革

【テーマ】世界のDX、デジタルビジネスの4分類を学ぶ

4分類のそれぞれに合致する企業を探し、特徴と差別化のポイントを指摘する

- グループワーク（3）DXの基礎用語

【テーマ】DXを考えるうえで知っておくべき基礎用語を学ぶ

ランダムに割り振られたDXに関連する用語の意味を調べ、その用語を使った新ビジネスを考える

- グループワーク（4）新しいビジネスを作ってみよう

【テーマ】自社業界でできるDXビジネスを考える
講義で学んだアイデアを出すプロセスを使用して新ビジネスを作ってみる

マインドセット研修の特徴は最初から教えないことにある。「①課題に対し、②スマホで検索し調べ、③グループで議論し、④発表し、⑤講師の評価を受け良いところ、弱いところを指摘され、⑥講義を受ける」。この6ステップを1日に4回、全てのグループワークで課題のレベルを徐々に上げながら進める。

学習効果を高めるために学びの仕掛けが有効だと書いた。最初から教えないこともその1つである。人は他人が話していることを聞いて理解するよりも、自分で調べて考えたことの方が理解や知識の定着が早いといわれる。学習効果が高いといわれるアクティブラーニングの根拠になる考え方である。

6ステップの流れには、アクティブラーニングの要素を取り入れている。

教え方、学び方の工夫

ビジネスの実際をあまり知らないシステムエンジニアにビジネス発想を教えるため、教え方は工夫する必要があった。同じ会社とはいえ、システムエンジニアは顧客に何かを売るといったビジネスや経営の経験、関連知識は持っていない。

しかし、システムに関する技術や理論は身に付け、定期的にリスキリングしている。これができるのは、資格試験制度（情報処理技術者試験、各種ベンダー資格試験）、あるいは社内・社外の研修カリキュラムが充実しているからだ。

一方で、ビジネスに関する学習には定番のリスキリングの方法はなかった。システムエンジニアや企業の社員が手軽に学べるビジネス発想力強化のカリキュラムも、試験制度もない（当時は前章で述べた検定制度はまだ登場してなかった）。中小企業診断士試験はあるが、科目の多さや試験合格までにかかる時間、難易度などを考えると一般のビジネスパーソンにはハードルが高い。

通常のビジネスに関してすらこうなのだから、ましてDXビジネスを過不足なく適切な期間で学べるカリキュラムがあるはずがない。であれば自分で作るしかないと考えた。

筆者はステップを追って学べるテンプレートやマニュアルを作って研修を実施した。この時の工夫は、学びの仕掛けを用いており、職種に限らず有効なものだ。

マインドセット研修と学びの仕掛け

マインドセット研修の何が良かったのか。前述の学びの仕掛けを踏まえて作ったからであり、具体的には次の９つである。

▼9つの学びの仕掛け

①「理解していないという自覚」を持たせる
②「学習動機」を高める
③「すぐ調べる」くせをつける
④「多様な人材」で意見交換する
⑤「すでにある知識・経験」を使う

⑥「質問を使って」理解を深める
⑦「テンプレート」を使う
⑧「考えるヒント」を使う
⑨「制限時間を決めアウトプット」させる

学びの仕掛けは、研修だけでなく実務でも効果がある。何かを考える場合、まず短時間で調べ、議論し、アウトプットを繰り返す。研修でも実務でも知識を早く覚え、アウトプットできるように行動変容するのに貢献する。

以降で、マインドセット研修のグループワークで実際にやっている内容を交えながらどういった効果があるのか説明していく。

①「理解していないという自覚」を持たせる

興味深いことに、研修では、「DXをそれなりに知っている」と考えるのではなく、「DXをほとんど知らない」と考える受講者の方が高い評価を得ることが多い。DXをよく知っている方が高評価になりそうなものだが、現実は違う。

理由を説明する。何に限らず、業務を遂行するためには、必要な知識を理解している必要がある。足りない知識があれば、補わなければならない。しかし理解していると本人が思っても、本当だとは限らない。理解しているという誤解が、本来なら必要なさらなる理解をさまたげる要因となる。

人は自分が「十分理解しており困っていない」と認識すると、それ以上理解を深めるのをやめるからだ。結果、業務遂行に必要な水準まで理解が達しないままだ。

理解していないという自覚を持たせるため、マインドセット研修では最初にDX関連用語をネットで調べ説明するというグループワークに取り組む。

▼グループワーク（1）の内容

・DXとは何か
【テーマ】DXとは何かを理解する
DX関連用語をネットで調べ説明する

実際に調べてもらうDX関連用語は以下に示すようなものだ。

▼グループワークで出す用語を調べて発表する課題例

課題
以下の用語をネットで調べ、特徴などを説明してください。
・デジタイゼーション
・デジタライゼーション
・デジタルトランスフォーメーション
・OMO
・リードナーチャリング

・コンテンツマーケティング

マインドセット研修はＤＸ初心者でも気後れせず参加できるよう、事前に宿題などは出していない。受講者は、自分の知っているＤＸの知識か、知識がない場合には、ネットで調べた内容を自分たちなりに理解し、発表する。この発表が面白い。グループによって理解のレベルがバラバラだからだ。

それなりにＤＸを理解していると自信を持っている受講者が中心のグループは内容が浅くて抽象的な場合が多く、ＤＸを全く知らない、あるいは聞いたことしかないという人が主体のグループの方が、内容が深く具体的だったりする。「それなりに理解している」という思いが、「こんなものでいいだろう」という認識の甘さにつながるのだと筆者は考える。

一方、ＤＸを知らないと自覚している受講者は、ネットで何でも調べて考えるので、自分の知識に依存することなく、より多くの情報を基に課題を考える。結果として内容が深く具体的になるわけだ。これが、筆者がＤＸをほとんど知らない（理解していないという自覚がある）と考える受講者の方が高い評価を得ることが多い理由である。だから理解していないという自覚をどう受講者に持たせるかが学びの仕掛けとして重要であり、リスキリングを成功させるカギとなる。

理解しているという自覚はビジネス発想力を低くする

別の事例を説明しよう。マインドセット研修の３つ目のグループワークは「ＤＸの基礎用語を掛け合わせて新しいビジネスを考える」というものだ。

▼グループワーク（3）の内容

・DXの基礎用語

【テーマ】DXの基礎用語　DXを考えるうえで知っておくべき基礎用語を学ぶ

ランダムに割り振られたDXに関連する用語の意味を調べ、その用語を使った新ビジネスを考える

このグループワークを社外の複数企業が参加する勉強会で実施した際、「会社の考査で評価が高い人や会社での地位が高い人たちが多いAチーム」と「経験が少ない比較的若い人たちで構成したBチーム」にたまたまメンバーが分かれたことがある。属性が異なる2チームに、「クラウドファンディングを使って新しいビジネスを考える」という同じ課題を出し、用語や事例はスマホを使ってネットでいくらでも調べていいという条件にしたところ、2チームは異なるアプローチで課題に向き合った。

Aチームはクラウドファンディングについてあまり調べようとせず、すでに自分たちが持っている知識をベースに考えた。その結果、クラウドファンディングを「資金調達の一種」としか発想できなかった。最終的に発表したアイデアは「産地直送レストランの開店資金をクラウドファンディングで集める」というものだ。

Bチームはクラウドファンディングの定義が頭に入っていなかったのでスマホを使ってネットで可能な限りの情報を集めた。結果、クラウドファンディングには「購入型」というものがあり、先払いの予約販売と同等の効果が得られるので、リスクを下げて飲食店ビジネスがスタートできるといった資金調達手段にとどまらないメリットがあることに思い至った。

Bチームは、クラウドファンディングを「従来にないエッジの効いた商品を、マーケティングコストや店舗コスト

など抑えて開発できる方法」として使えると結論付け、「ビジネスする側が受注生産類似のスキームとして少ないリスクで始められ、お客には間接コストの少ない分、商品を安く得られるメリットがあることをアピール。すごく辛いなど普通の店に置けないようなこだわりのカレーをカレー好きが作ってリスクなく予約販売する」というアイデアに行きついた。

これは良いと筆者は思った。AチームとBチームの差は何か。理解しているという自覚（誤解）と理解していないという自覚の違いだ。理解しているという自覚があると、今までの知識・考え方に固執して、新たな情報を調べようとしないのだ。

理解しているという自覚を理解していないという自覚に変える

どうすれば理解しているという自覚（誤解）を理解していないという自覚に変えられるだろうか。実は難しくない。本人たちに気付いてもらえばいい。

実際にはどうするのか。マインドセット研修では、受講者の課題に対する発表内容が浅く、具体的でないと判断した場合、講師である筆者が、確認テストという名目で「理解が深くないと答えられないような質問」をする。質問された側は最初、困惑した表情でその場を終わらせようとするが、筆者が真顔で何回も質問すると、次第に必死に考えて答えるようになる。

質問コーナーは10分以上続く。質問された相手から答えが出てこなければ、グループの他のメンバーに答えるように依頼する。今度は他のメンバーが必死に考えて困っている人をサポートしようとして研修全体が締まった雰囲気になる。この緊張感が、新しいことを学ぶうえで重要だ。

他の3つのグループワークも同様である。マインドセット研修では、4つのグループワークを通じて、適切に質問し続けることで、理解できていないということを自覚させ、DXの知識やビジネス発想に関する理解度が深まっていくように行動変容させている。

②「学習動機」を高める

リスキリングを成功させるための2つ目の学びの仕掛けは「学習動機を高める」である。学習動機とは、何かを学ぶ場合の「なぜ、学ぶのか」という理由や意味である。一般に学習動機が高ければ学習は進み、動機が低ければ学習は進まないか、止まることが多い。

企業において、商品やサービスを売ることが業務のセールス担当者は業務遂行上の理由から商品やサービスの知識を学ぶ明確な学習動機がある。特にすでに売った経験がある既存商品ではなく、まだ売ったことがない新商品の知識は強く学ぼうとするだろう。新商品に対してどんなものか理解できていないという自覚があるからだ。

たとえ自社製品の商品知識を理解できていないという自覚はあったとしても、経理のように直接商品やサービスを販売しない部門の担当者は既存商品・新商品知識の双方とも学習動機は高くはないだろう。経理担当者はさほど積極的に学ぼうとはしないだろう。

一方で、本業である経理関係の新たな知識への学習動機は高いはずであ

「学習動機と理解できていないという自覚」のマトリックス分析　出所：筆者

		理解できていないという自覚：ある	理解できていないという自覚：ない
学習動機	高い	○ A：学習が進む	△ B：理解したつもりなので学習は進まない
学習動機	低い	× C：動機がないため、学習が続かない	× D：学習する必要を感じないので学習は進まない

る。知らなければ実務に支障があるからだ。何かを学ぶ場合には、理解できていないという自覚に加えて、学習動機の高さがなければうまくいかない。前ページの図にまとめた通りだ。

営業担当者のように商品を売ることが本業であれば動機付けは不要だが、経理部門に商品知識を学ばせるためには、強い学習への動機付けと理解できていないという自覚の双方が必要になる。図でいえば、B、C、DからAへ移動させるということだ。

DXを学ぶ動機があるか

セミナーでの質疑応答などで筆者がよく聞かれるのが「全社向けDXのリスキリングでeラーニングをやらせているが何年やっても成果が出てこない。どうすればいいか？」というものだ。答えはすでに述べた。

学習動機が弱いか、DXを理解できていないという自覚が足りないのだ。営業部門の担当者は営業で自分に足りないと自覚した知識を学び、経理担当者は、経理業務で足りないと自覚した知識を学ぶ。他の部門も同様で、自分の仕事に必要で、かつ足りない知識を学ぼうとするのである。

では、DXに関するリスキリングはどうだろうか。どのような業務を担当しているかに関係なく全社一律でDXに関する知識を学ばせようとしている企業は多いが、学習動機を高めたり、理解していないことを自覚させたりする工夫があるかどうかをチェックしてほしい。

リスキリングの成功にはこれらが欠かせない。会社の指示だからというので、全社員がリスキリングの一環としてeラーニングによる知識習得教育を受け、テストで知識水準を確認し、結果を会社の教育データベースに登録しても、個人のDXに関する知識やスキルが向上するかどうか疑問である。理解していないという自覚と学習動機の向上の要素が考慮されていない可能性があるからだ。

理解できていないことを自覚するのは意外に難しいので、前章で述べた研修や検定などで自覚させる工夫を組み込む。

もう一方の学習動機を高めるためにはどうすべきか。まずDXで実現しようとしている会社のビジョンを社員に明確に伝えることだ。会社が本気でDXに向き合っていないのに、社員が真剣に向き合うはずがない。

DXを自分ごとにできているかどうかも重要である。自分ごとになる理由は「自分の仕事を遂行するためにDX知識が必要である」「自分の将来のために、DX知識を学習する必要がある」「尊敬する人と一緒に仕事をしたいので、DX知識を学習する必要がある」などいくつもある。自然とこう思えるようになる情報や仕掛けをリスキリングの過程に組み込む。

③「すぐ調べる」くせをつける

リスキリング成功の条件として、理解していないという自覚と学習動機の高さという2点を指摘した。どんなケースが該当するのか。事例を使って説明しよう。

電化製品を製造しているメーカーA社があり、卸業者や量販店、専門店といった小売業者を通じて販売していた。だが、機能面で他製品と差別化できておらず、ブランド力も乏しかったので、価格を下げて売るしかない状況に陥っていた。

価格を下げて売れたうちは良かったが、価格を下げても売れないケースも増えて困っている。どのような解決策を検討すべきであろうか。

解決策をどう考えるか

A社の課題を解決するには単にデジタルを使うだけでは不十分な可能性がある。例えば、A社が情報家電を作って、スマホでいろいろと遠隔操作できるようにするとしたらどうだろうか。

デジタルを使って家電製品に新たな価値を加える解決策だが、情報家電として新商品を開発したり、スマホアプリを作ったりすることでコストが発生し、商品価格が上昇すれば価格競争力が下がる。卸や小売りが販売に力を入れなくなれば、デジタル化には成功しても問題は解決しない可能性が高い。

卸や小売りを通して製品を売るというビジネスモデルを変えないまま、データを使う、デジタル化するといった解決策を進めても成功するかどうかは分からない。ビジネスモデルまで踏み込んで見直すことが必要で、解決策の1つが第2部で紹介したビジネスの仕掛けのD2Cだ。

差別化された付加価値の高い商品を消費者に直接販売するD2Cで、商品や付随するサービスの価値を高めて商品のブランド力を向上させることができれば、商品の競争力が高まるので、従来の流通経路でも値下げせずに販売できるようになる。

学習すべき知識は何か

このケースの課題解決は、従前の知識だけを前提にしていてはうまくいかない。何より、D2Cの知識が不可欠だ。具体的には、販売の専門家である卸や小売りに負けないブランディングやデジタルマーケティングに関する次のような知識が必要になる。

▼D2Cに必要な知識

- ブランディング
- SNS
- コンテンツマーケティング
- インサイドセールス
- O2O（オンライン・ツー・オフライン）
- OMO
- リードジェネレーション
- リードナーチャリング
- デザインシンキング
- UI（ユーザーインターフェース）
- UX（ユーザーエクスペリエンス）　など

これらの知識（用語）はどうやって覚えるのがいいのか。ビジネス用語集やビジネス雑誌のDX特集を読むことだろうか、DX事例のeラーニングで勉強することだろうか。

どの方法も悪くないが、「事例をなんとなく知っている」「用語の名前だけは知っている」というレベルでしかないのに、自分は理解しているという誤解を生む可能性がある。知識は重要だが、理解しているという誤解がもたらす負の影響は何度も述べた。

マインドセット研修では、知識を実務で使えるようにできるまで考えてもらうようにしている。グループワーク

（3）「DXの基礎用語を掛け合わせて新しいビジネスを考える」をどう進めているかを紹介する。

▼グループワーク（3）の内容

- **DXの基礎用語**

【テーマ】DXを考えるうえで知っておくべき基礎用語を学ぶ
ランダムに割り振られたDXに関連する用語の意味を調べ、その用語を使った新ビジネスを考える

このグループワークでは、3つのDXの基礎用語を掛け合わせて新しいビジネスを考える。例えば、「6次産業化」「体験型消費商材」「サブスクリプション」の場合は、これら3つの用語を全て使った成功の可能性の高いビジネスを60分の制限時間で考えて、プレゼン資料を作り発表する。学習効果が高くなるよう、あえて受講者があまり知らないだろう用語を選んでいる。

用語の意味を理解する必要があるが、ここで最も効率的なツールがスマホだ。グループワークでは、最初の15分は個人で調べ（この3つの用語を知らない方はぜひ、スマホを使ってネットで調べてほしい）、その後グループでディスカッションする。議論が始まると、深く調べた受講者と浅く調べた受講者が明らかになるので、浅くしか調べていない受講者は必死でスマホを見ながら追加検索し始める。

この必死さと白熱した議論で研修会場（Zoomの場合はブレイクアウトルーム）は異様な盛り上がりを見せる。ディスカッション中は、補助講師がグループをサポートしてヒントを出し、アウトプットの質が高まるように指導する。補助講師のヒントで、さらに受講者たちはスマホで検索して理解を深めるという具合である。約1時間後には、受講者は6次産業化×体験型消費商材×サブスクリプションの各用語をほぼ実務で使えるくらいまでに理解している。

筆者はこれを「スマホ学習法」と呼んでいる。研修が終わった後、筆者は受講者に「今日の3つの用語を本やeラーニングを使って学習した場合と今日の研修の結果と、どちらが深く理解したと思うか」と聞くようにしているが、これまで前者と答えた受講者はいない。

それほど、この方法は学習効果の高い学びの仕掛けであると思っている。「すぐ調べる」くせをつける意味の大きさが分かるだろう。

④「多様な人材」で意見交換する

マインドセット研修の2つ目のワークショップは、「DXによるビジネスモデルの変革」というものだ。4分類のDX、デジタルビジネスのそれぞれに合致する企業を探し、特徴と差別化のポイントを指摘する。

▼グループワーク（2）の内容

- **DXによるビジネスモデルの変革**

【テーマ】世界のDX、デジタルビジネスの4分類を学ぶ
4分類のそれぞれに合致する企業を探し、特徴と差別化のポイントを指摘する

このワークショップは、DXによるビジネスモデルの変革を理解するのが目的である。最近のビジネスモデルはデータやデジタルをうまく使ったものが多い。DX人材は、世の中にどのようなビジネスモデルがあるかを理解し、使いこなすことが求められる。

筆者は、世界の成功したDXやデジタルビジネスを130社以上調査し、その特徴（使われているビジネス用語＝ビジネスの仕掛け）から次の4つに分類している。第1部で説明した通りだ。

▼DX、デジタルビジネスの4分類

- デジタル集客系、マッチング、マーケットプレイス
- デジタル商材系
- リアルビジネス＋デジタル
- リアルビジネス

日常業務で誰もがビジネスモデルを考えているわけではない。だからビジネスモデルを学ぶためのアクティブラーニング型の研修が有効になる。

ビジネスモデルに興味がなかった受講者はどうなるか

グループワーク（2）では、世の中の企業（商品、サービス）を調べ、4つのどれに分類されるかをグループで考え、特徴やどのような顧客価値が訴求ポイントなのかを発表する。まず個人で15分間ネットを検索する。その後30分間、グループで討議し、他の受講者と自分の検索結果を持ち寄って整理する。

マインドセット研修の2つ目のグループワークということで、受講者にDXに慣れてもらえるよう、頭の負担がかかりすぎないようあまり難しいものにしていない。これも学びの仕掛けの1つである。

普段からビジネスモデルを考えたりビジネス用語に触れたりする機会が少ない受講者がほとんどなので最初は多く

が戸惑いがちだが、グループワークを進めるうちに他人との意見交換で刺激を受け、ビジネスモデルに興味を持つようになる。受講者の表情を見ていれば分かる。緊張していた受講者の表情がだんだんと明るくなってくる。

ここからが重要だ。600人以上の事例を見てきたが、盛り上がるのは、年齢や社会経験、性別などの属性が異なるグループの場合が多い。属性が近い受講者が固まるグループはあまりこうならない。グループメンバーに多様性があるほど盛り上がる。

日ごろの生活習慣がDXを身近にする

受講者は、まずDXとデジタルビジネスの4分類にどんな企業や商品、サービスが何に該当するかを想起してからスマホで検索を始める。受講者が日常生活でどのようなデジタルサービスを使っているか、知人、友人から聞かされているかが如実に反映される。

若い世代は、SNSやネットサービスをよく使っているせいか、一般の知名度は低いが新しくて面白い企業（商品、サービス）を出してくる。女性はファッション、旅行、食事、美容、子育て、家事などが、男性は家事、子育て、自動車、電車、農業、スポーツ、トレーニング、ビジネス関係などが多い。

ただ性別にかかわらず、中高年からは、デジタル集客系・マッチング・マーケットプレイスやデジタル商材系では、アマゾン、ツイッター、インスタグラム、フェイスブック（メタ）くらいしか出てこない。結果として、発見が少なく盛り上がらないことが多い。

面白いことに、若い世代と中高年の混合グループだと、すごく盛り上がる。若い世代からいろいろな企業、商品、サービスが出てくるので発見が多く、中高年の過去の経験が若い世代には刺激となって、グループ全体で大騒ぎになる。

盛り上がったグループの受講者が、研修が終わった後に口をそろえて言うことがある。「DXを難しく考えていたが、そうではなかった。DXは身近にたくさんあった」というものだ。リスキリングを成功させるためは「多様な人材」で意見交換する。これも重要な学びの仕掛けだ。

⑤「すでにある知識・経験」を使う

第2部のビジネスの仕掛けの紹介でも触れたが、コンテンツマーケティングという主にデジタル領域のマーケティングで使われるビジネス用語がある。この用語は、以前にも紹介した通り、マインドセット研修のグループワーク(1)で出題されている。

多くの場合、受講者はネットでコンテンツマーケティングをキーワード検索し、いくつかのサイトを調べ、次のような無機質な文章を書いて説明する。

▼平均的な発表の例

コンテンツマーケティングとは、ターゲットとなる消費者(ユーザー)に、価値ある情報(コンテンツ)を提供し、ユーザーの共感を醸成しながらファンになってもらい、最終的に商品を買ってもらうことを期待するマーケティング手法のことである。

間違ってはいないが、コンテンツマーケティングを知らない人にとって、この説明では深い理解は期待できない。説明する側も聞く側も理解したつもりになるだけだ。これで終わっては研修の意味がない。

筆者は理解を深めるために質問する。多くの場合、質問された側は即答ができず困惑した表情でその場を終わらせようとするが、筆者が真顔で何回も質問をすると、次第に必死に考えて答えるようになる。質問コーナーは10分以上続くことはすでに説明した。

「コンテンツマーケティングで使うコンテンツには何がいいか、できるだけ多く挙げてください」。質問の内容はこれだけである。

コンテンツマーケティングの実務経験がある人や実務経験がなくてもコンテンツの意味、事例が分かっていればすぐに答えられる。しかし理解していない人は困惑する。質問された人から答えが出なければ、筆者はグループの他のメンバーに答えるように依頼する。すると、他のメンバーが必死に考えて困っている人をサポートしようとして、研修全体が締まった雰囲気になることも前に書いた。この緊張感も学びの仕掛けである。

自分の立場で考えると理解が深まる

質問の目的は、コンテンツマーケティングという用語を自分の立場で考えてもらうことにある。受講者に自分が欲しいものを聞き、「どのようなコンテンツを体感すれば欲しくなるか」を聞く。これで無機質なコンテンツマーケティングという用語を自分の立場で考えるようになる。

なぜ自分の立場で考えるといいのか。自分がすでに持っている類似の知識や過去の経験を使って、考えるようになるからだ。全く新しいものではなく、自分が知っている、経験していることの方が頭に入るものだ。

今まで知らないものを理解するのは難しい。例えば以下に説明する2つの特徴を持った「ある外国産の果物」をすぐに理解できるだろうか。

- **味は酸味があり、甘味がある。**
- **果肉はやや硬さがあり、水分があり、サクサクしている。**

果物であることは分かるが、それが何なのかを思い浮かべるのは難しい。思い浮かべるに足る情報がないからである。「酸味があり、甘味がある」といっても、どれくらいの酸味なのか、どういう甘味なのかの細かい情報は提示されていない。

果肉に関しても同様だ。「やや硬さがあり、水分があり」といっても、この情報量では十分には理解できない。過去の知識や経験に近いものがあると分かれば、これとの対比で理解しやすくなる。

例を挙げよう。次のような情報の与え方をされた場合はどうだろうか。

- **この外国産の果物は、味、果肉ともに日本の「りんご」にそっくりだ。**

日本人なら、ほとんどがりんごを食べたことがあるはずだ。自分の持つりんごの情報を駆使して、理解を深めることができる。

業務も同様である。「新規発売の商品Fは、既存で取り扱っている商品Cとほぼ同じだが、○○が異なる」と言えば、頭の中に商品Cを思い浮かべ、それに○○の要素を加えて考えることができるので理解が早い。

理解を深める説明の方法

筆者が新しいビジネス用語などを他人に教えるときには「自分が経験するようなストーリー」として認識できるように意識する。無機質な用語の説明ではなく、自分が経験する物語として相手に説明する。自分の過去の経験や知識を総動員できるようにして理解を深めるのだ。第2部で紹介したものと同じだが、例えばこういった説明である。

▼コンテンツマーケティングの説明

あなたは知り合いに誘われて山に登ろうとしている。ウエアやリュックは家にあったものを持ってきた。待ち合わせの登山口駅には、カラフルなウエアを着て、しゃれたリュックを背負い、本格的な登山シューズを履いている人が多くて気後れする。

あなたは「場違いなところに来た」と後悔するが、友人は「最初はそんなものだ」と言って頂上を目指す。やっとの思いで頂上にたどり着くと、友人はキャンプ用の携帯バーナーを使って手際よくランチを作った。それを見ながら「カッコいいいな」と思い、登山に興味を持つ。

帰りの電車の中でスマホで「登山　初心者　ウエア」と検索する。多くのショップの販売サイトが出てくるが、何を買ったらいいのか分からない。

ふと、「山好き店長のブログ」というサイトが目にとまった。あなたは、早速アクセスしそのブログを読み始める。

書いている山好きの店長は本格的な山登り愛好家のようだが「自分も最初は初心者だった」と書いてある。あなたは少し安心しながら、いくつもの記事を読んでいく。分かりやすくて一気に読めた。自分の疑問を解消させることが書いてある。

家に帰ってからも毎日、このブログを読んだあなたは、新しいウエアや道具で山に登りたくなる気持ちが抑えられない。何を買えばいいかはブログに書いてある。ブログ主が店長をしている登山用品店なら安心だ。あなたはこの店のお薦めのウエアをそろえ、お薦めの道具を買い、お薦めの山に登る。これが消費者から見たコンテンツマーケティングの事例である。


文章を読めば、何がコンテンツマーケティングに求められるのかが分かるはずだ。良いコンテンツとは、消費者が、自分の疑問を解消できたり、自分にピッタリの商品やサービスに巡り合えたりする情報や商材のことである。

自分が欲しいものは買うし、欲しい情報には毎日でも接触したいのが消費者心理だ。自分だったらどう思うかと考える。これが過去の経験を使って新しいことを理解するということだ。ここまで理解できれば、コンテンツマーケティングの知識に関するリスキリングは成功したも同然である。

⑥「質問を使って」理解を深める

D2Cとサブスクリプションという2つのビジネス用語がある。この2つはどちらもDXのビジネスの仕掛けとしては利用範囲が広い。具体的に何ができるかは第2部で説明した。誰もが理解して活用できるように筆者はマインドセット研修でよく出題する。

▼マインドセット研修・グループワーク（1）で出す「用語を調べて発表する課題」

課題
- 以下の用語をネットで調べ、特徴などを説明してください。
  D2C（ダイレクト・ツー・コンシューマー）
  サブスクリプション

出題に対して、受講者はネットで調べて発表する。サブスクリプションは多くの人が知っているが、D2Cは違う。知らない用語ばかり出題すると受講者が自信をなくすので知っていそうなものを入れる。これも学びの仕掛けの1つである。

2つの用語を出題した場合の平均的な発表の内容は以下のようなものだ。

▼発表される平均的内容の例

- D2C
  D2Cは、ダイレクト・ツー・コンシューマーの略で、メーカーが卸や小売業者などの流通を通さずに直接（ダイレクト）、消費者（コンシューマー）に商品を販売することを指す。メーカーにとって流通を中抜きできるD2Cは販売コストの削減メリットが大きいが、小売りでの消費者・顧客との接点を持ってこなかったメーカーには顧客管理や顧客ロイヤルティーなどのノウハウが新たに必要になる。スポーツ用品メーカー、マットレスメーカー、エアロバイクメーカー、アパレルメーカーなどの事例がある。
- サブスクリプション

サブスクリプション（サブスク）とは、事業者から見ると継続定期販売、購買者から見ると継続定期購買である。事業者の立場では販売費を抑えながら継続販売が可能になる。購買者から見ると固定コストで多くのコンテンツが手に入るなどのメリットがある。アマゾンミュージック、スポティファイ、洋服のサブスク、ラーメンのサブスクなど多くの事例がある。

単にこう発表しただけでは理解は深まらない。そこで「考えてもらう」ために質問する。質問を使って理解を深める流れが、学びの仕掛けである。

理解を深めさせるためには、どういった質問がいいのか。研修でよく使うのは「自分が経験した事例はどのようなものだったのか」、あるいは「自分が事業をするならどのように使うか」といったものだ。

自分の立場で考えさせることで、対象がより具体的で身近になり、過去に照らしながら考えることで、理解しやすくなる。Ｄ２Ｃなら「自分が最近購入したＤ２Ｃ事例」を答えてもらったり、利用したことがない場合は、「どのような商品なら購入するか」などと聞いたりする。

サブスクも同様だ。多くの場合、サブスクは自分で購入している経験があり、回答の難易度が低い。考えを深めてもらうために、筆者は回答が難しそうな質問を追加する。

▼Ｄ２Ｃサブスクを考えるさせるための質問の例

Ｄ２Ｃとサブスクはとても相性が良いといえます。Ｄ２Ｃとサブスクを掛け合わせた「Ｄ２Ｃサブスク」という用語があります。これに相性が良い商材にはどのようなものがあるでしょうか？できるだけ多く答えてください。

D2Cサブスクに向く商材を考える

第2部でも書いたが簡単にD2Cサブスクが何かを振り返る。D2Cサブスクは、D2Cとサブスクリプションを組み合わせたビジネスの仕掛けで、メーカーが消費者に商材を直販するが、「売り切り」ではなく、サブスクリプションの形態をとる。

メーカーが自社商品を定期的に定額で消費者に販売するモデルだ。D2Cは必ずサブスクに組み合わされるものではないが、一方でD2Cサブスクだからこそ消費者が価値を感じ、競争力を持つ商材がある。

ビジネス用語を学ぶ場合、書籍やeラーニングなどに頼ると、単独での意味、活用事例しか学べないが、現実には多くのビジネス用語が組み合わさって1つのビジネスモデルを構成する方が多い。だから、組み合わせ学習が必要になる。

マインドセット研修にもこの要素を取り入れている。3つのDXビジネスの基礎用語を掛け合わせて新しいビジネスを考えるグループワークがそうだ。

用語の組み合わせにも気を配っている。例えば「マッチングモデル×ネットワーク効果×プロシューマー」はプラットフォームをつくるために必要な要素なので一緒に学ぶと効率が良い。リカーリング×サブスクリプション×フリーミアム、シェアリング×マッチングなども一緒に学ぶといい組み合わせである。

D2Cサブスクの質問に戻ろう。答えとして受講者からよく出てくるのは、米、水、地酒、洋服、全国の名産品などである。単なるサブスクの対象としては悪くない。しかし、米も、水も、地酒も、洋服も店頭で買えるので、通販が前提となるD2Cサブスクの答えとしては弱い。

D2Cサブスクはほかでは買えないものがいいのだ。ここに気付いてもらうために、ヒントを出しながらさらに問うフェーズに移る。ヒントは次のような感じだ。

▼D2Cサブスクを自分で考えるためのヒントの例

- ほかでは買えないオリジナルな商品
- 日常的に繰り返し使うもの
- 定期的に買うことが面倒であるもの
- 強いペインを解消するもの

研修では、ここからが毎回盛り上がる。質問された人が答えられないと、同じグループの人が答えを言う。その答えに筆者が「頭が固いです」「もっとないですか」「ヒントを出しましょう」「良くなってきました」とつなぐ。ヒントと問いかけ、解答の流れを繰り返すなかで受講者は自分で考え、答えにたどり着く。D2Cサブスクであれば次のようなものだ。

▼自分で考えたD2Cサブスクに関する回答の例

- 肌に優しい化粧品
- 睡眠障害対策サプリで自分に合ったもの
- 効果が早いダイエット食品
- オリジナルのプロテイン
- ほかでは買えない薬

- 育毛促進シャンプーで効くもの
- 効果が高い保湿クリーム

質疑を経ることで答えの質が向上したのが分かるだろう。D2Cサブスクと相性が良いのは、「ペインを解消するために継続的に購入する必要があるオリジナル商品」である。人は悩みや苦しみがある場合に、解消できるもの（情報・商品・サービスなど）を欲する。悩みや苦しみが深ければ深いほど、解消できるものにコスト（時間、お金）をかけてもいいと思うのだ。

不満・不安・不幸など、人にまつわるさまざまな「不」を解消し、人を幸福にするモノやコトを探して、D2Cサブスクを当てはめれば消費者にとっても、メーカーにとってもメリットのあるビジネスが成立する。内容を深く理解することで、D2Cサブスクが成功しやすいビジネスの仕掛けであることを学ぶのである。

⑦「テンプレート」を使う

マインドセット研修は、DXに関する理解や関連知識の獲得ではなく、ビジネスの発想力の強化を最終的な目的とする。（1）から（3）までのグループワークはビジネス企画アイデアを考える4つ目のグループワークの準備段階でもある。新しいビジネスを作ってみようというグループワーク（4）の内容は発想力の強化に直結するものだ。

▼グループワーク（4）の内容

- 新しいビジネスを作ってみよう

【テーマ】自社業界でできるＤＸビジネスを考える
講義で学んだアイデアを生み出すプロセスを使用して新ビジネスを作ってみる

このグループワークを始めた頃、大きな課題があった。受講者の考える新しいビジネスの商品やサービスのアイデアに消費者として買いたい、体験してみたいと思うものがほとんどなかったのだ。ビジネス発想力研修としては致命的である。

筆者が出した結論は、受講者が自分の会社や自分の部門、自分の会社の属する業界の常識や利益を第一に考えるからというものだ。だから、現在の会社本位の商品やサービス、収益、販売チャネル、マーケティング方法を少し見直しただけのアイデアになる。魅力的なはずがない。

ＤＸを成功させる商品やサービスは、顧客志向であることが不可欠だ。消費者・顧客はネットで自分の欲しいものの情報を入手したり、買えたりするようになっている。売り手の都合で作られた商品やサービスは、すぐに見抜かれる。買ってもらおうとするなら、顧客が喜ぶもの、ペインを解消するものを提供するしかない。ＤＸを考えるために必要なプロセスだ。

▼ＤＸを考えるためのプロセス

ＤＸでビジネス変革するためには、会社の事情や利益の視点で考えたり、作り手の事情や好み※で考えたりすることは厳禁。ユーザーや顧客の視点で考えることが必要。

※作り手であっても、あくまで消費者として考える

長年、会社や団体の立場で考えてきた受講者たちは、このプロセスが身についていない。常識にとらわれ、離れられないのである。絶対に解消しなければならない問題だった。

3ステップでビジネスを発想する

どうするか悩んでいた時、ひらめいた。消費者や顧客の立場で考えられないのなら、考えられるような仕掛けを作ればいい。誰でもできるようにプロセスをテンプレート（ひな型）にしてしまえ。こう思ったのだ。

ビジネスを考える手順は世の中にいろいろある。ビジネスモデルキャンバスやブルーオーシャン戦略の戦略キャンバスなどを使うことも考えたが、内容が複雑になり、2時間のワークショップ内で完了させるのは難しくなる。DX初心者も参加するなかで、負荷をかけすぎたくはなかった。

最終的にDXを考えるための3段階のステップを作り、これに沿って考えてもらうことで落ち着いた。3ステップの中身は住友生命グループの講師陣が内製した。実行したところ、効果はてきめんだった。

具体的な各ステップの内容は以下の通りだ。ステップ1からステップ3まで順に進めていく。

ステップ1：これがあったらいいなと思うことを考える
ステップ2：差別化と価格競争力を考える
ステップ3：ビジネス・サービスが成り立つ説明を考える

ステップ1から紹介する。

▼DXを考えるプロセス・ステップ1

ステップ1：これがあったらいいなと思うことを考える

ユーザーや顧客の利便性、価値（モノ、コト、情報など）を考えてアイデアを出す。

この段階では、もうかるとか採算がどうかなどは考えず、あくまで「あったらいいな」「素晴らしいな」という理想を考える。今の会社だったら、今のシステムならできないという考えは捨て、理想の商品を考える。

消費者・顧客に訴求できる商品やサービスをつくるなら、買い手が「あったらいいな」と思うことを第一に考えないと始まらない。最終的には何らかの形で企業に収益をもたらすものでなければならないが、まずは消費者・顧客の立場で徹底的に考えることに慣れてもらう。何であれ、慣れていないことは難しい。

これがあったらいいなということは、自分の好きなこと、あるいは嫌いなこと、辛い、苦しいこと、つまりはペインの回避を考えるなかで生まれる。受講者が結婚を控えているなら、それに対するいいなであり、親の介護をしているなら「介護ペインの回避」がいいなになるはずだ。

会社にとって都合の良い商品やサービスではなく、消費者や顧客（自分）にとってのいいなは強い「自分ごと」につながる。「なぜ、その商品やサービスが良いのか」「ないと何が困るのか」「価格がいくらぐらいなら買うのか」など、説得力を持って主張できること、これがビジネス企画に欠かせない。

⑧「考えるヒント」を使う

マインドセット研修を始めた頃、受講者の考えたビジネスアイデアが面白くなかった理由は消費者・顧客視点の不足以外にもあった。消費者・顧客視点の商品やサービスであったとしてもオリジナリティーに欠けており、ありきたりだったり、どこかで聞いたサービスだったりしたことだ。

「農家が育てた野菜を農業体験と一緒に売る」「子供のお稽古をプロ講師がネットで売る」「飲んだことのない全国の隠れた地酒をサブスク方式で売る」「忙しい子育て共働き世帯のために買い物代行サービスを売る」といったものだ。悪くはないが、すでに世の中で売られている商材とあまり変わらず、驚きがないので、ぜひ買いたいとは思えない。

自分が欲しいもの、自分が好きなものを商材化することは重要だが、まだ不十分だ。消費者・顧客が「これはほかにない」「こんなものが欲しかった」「これはいいな」と思うものでなければ買ってもらえない。だから、他の商材との差別化を徹底的に考える。これを受講者に学んでもらう必要があった。

価格も大事な視点だ。良いものでも消費者・顧客が「これくらいの金額は払ってもいい」と感じる水準より高ければ売れない。これら2点を受講者にどう伝えるか。これも3ステップを考える際の重要な条件だった。

考えるヒント＝データやデジタルでベネフィットを上げコストを下げる

具体的にはどうしたのか。ステップ2で、ビジネスアイデアを考えるヒントとして、明確に差別化のポイントとコストを挙げ、研修に組み込んだ。

▼DXを考えるプロセス・ステップ2

ステップ2：差別化と価格競争力を考える

エッジ（差別化ポイント）があるかどうか、なければ考える。

価値 ＝ ベネフィット÷コスト

価値を高めるには①ベネフィットを上げるか、②コストを下げる。
①ベネフィット：基本ベネフィット（基本機能が使える）
感情ベネフィット（うれしい、感動、すごい、好き、勧めたい）
②コスト：価格、時間、手間、面倒がある。
デジタルを使いベネフィットを上げ、コストを下げるのがポイント。

意外に思われるかもしれないが、差別化に関しては、しっかり考えればそれなりのアイデアは出るものだ。自分の欲しいものを突き詰めて、他にない要素を盛り込むことで考えることができるからだ。

価格、コストコントロールの観点でアイデアの質を高めるのは簡単ではない。多くの受講生が、コストがどういったもので構成されており、どうすれば下がるのか頭に入っていないからだ。

利益を維持したまま商材の販売価格を下げるにはコストを下げればいい。ここまではすぐに分かるが、実際にコストのどの部分をどう下げるかを考えるのが難しい。ここでデータやデジタルが役に立つ。

商材関係コストには製造・在庫コストがあり、商材を製造するための資材・部品の購入コスト、組み立てコスト、包装コスト、搬送コスト、在庫維持コスト、廃棄コストなどに細分化できる。

事業で発生する主な直接コストと削減方法　出所：筆者

コスト	コストを下げる方法
①製造・在庫コスト →資材・部品の購入コスト、組み立てコスト、包装コスト、搬送コスト、在庫維持コスト、廃棄コスト　など	●受注生産にする ●サブスクリプションにする ●クラウドファンディング(購入型)で販売する　など
②認知コスト(広告宣伝費) →新規顧客を増やすコスト →顧客にリピートしてもらうコスト	●SNSを使う。インフルエンサーを使う ●会員制にして口コミで広める ●無料クーポンで認知させリピーターにつなげ、サブスクにもっていく　など
③販売店舗コスト、販売人件費コスト →販売にかかるコスト	●ネット販売に絞る ●店舗を自前で出店せず、他の店舗に専用売り場を小さく作る ●店舗シェアリング(軒先シェア)を使う　など

在庫コストや廃棄コストなどは見込み生産だから発生する。受注生産やサブスクリプションを実現し、製造数を完全にコントロールすればムダがなくなり、コストが下がる。

第2部で示したように、クラウドファンディング（購入型）も同様の効果がある。クラウドファンディングで最初に先払いで買い手を見つけてから製造すればいいからだ。

認知コスト（広告宣伝費）も、SNSを使う、会員制にして口コミで広める、当初は無料クーポンで認知させリピーターにつなげてサブスクにするなど、データ、デジタルを使った手段に切り替えれば削減が可能だ。

販売店舗コストや販売人件費コストも、ネット販売に絞る、自前で出店せず、他の店舗に専用売り場を小さくつくる、店舗シェアリング（軒先シェア）を使うなど減らす方法はいくらでもある。

すでに書いたように、筆者は、世界のDXの成功例を130社以上調査したが、成功する多くの企業は、デジタルとデータを使い、消費者・顧客向けのベネフィットを高め、コストを下げる工夫をしている。データをどう使うのか、成功するデジタルの使い方は何か、売ろうとする商材と相性の良いビジネスの仕掛けは何か。これを効率的に身に付けるために、差別化とコストという考えるヒントが役に立つ。

⑨「制限時間を決めアウトプット」させる

ステップ1、ステップ2に続きステップ3を説明する。ステップ1で顧客がいいなと思うことを、ステップ2で価値を上げるために差別化して、コストを抑えるようにした商品、サービスを「どの顧客層に、どの販路で、どう売るか」を検討する最後のステップだ。

▼DXを考えるプロセス・ステップ3

ステップ3：ビジネス・サービスが成り立つ説明を考える

実現のためには、どの客層に、どの販路（店舗、ネットなど）で、どの商品・サービス を売るのか。それを実現できそうか。

例えば、

〈ビジネスモデル設計の考え方〉

- 客層、販路、商品・サービス投入をどのように想定・準備するか
- 例えば、商品・サービスの価値は誰向けか。大人向けか、子供向けか、両方か
- 自社で価値をつくるか、他の企業・サービスと提携・協業するか
- 店舗が必要な場合、自社で用意するか、他の店舗を借りるか
- 宅配が必要な場合、自社で宅配するか、宅配シェアリングを使うか　など

3つのステップに分けて考えることで、確実に研修の効果は高まった。新しいビジネスをゼロから発想することは難しく、内容のレベルも高くならないが、ヒントを与えて一段階ずつ考えてもらうことで、一定レベルの内容に誰でも到達できるようになる。

アウトプットの評価に5つの観点

筆者がマインドセット研修で組み込みたかったことに、制限時間の設定とレベルの高いアウトプットがある。締め

切りやアウトプットを前提とした方が脳の動きは良くなる。

3日後に試験がある学習と試験も締め切りもない学習のどちらの効果が高いか、学生時代を思い出してもらえれば分かるだろう。会社で上司に「2日後までに○○について報告してほしい」と言われるのと「DXについて常に勉強しなさい」と言われるのと、どちらに脳が反応するのかも同様である。

研修に限らないが、ただアウトプットすればいいわけではない。筆者は、アウトプットの評価を以下の5つの観点からコメントするように勧めている。これらの観点から良い点、ダメな点についてフィードバックを繰り返すうちに、アウトプット、つまりビジネスアイデアの質が高まる。

▼アウトプットする際の評価に対する5つの観点

- 実体験をベースにしたアイデアで気持ちが込められているか
- 分かりやすく説明できているか、短い時間で本質が伝えられているか
- 具体性があるか、抽象論ではない具体的な商材やサービスか
- 論理性があるか、根拠を数字などで示しているか
- ほかにはない差別化ポイント（エッジ）があるか

アウトプットの質が高くなると、アイデアは実務でも使えるものになってくる。筆者の実感では、3回くらい指摘すると、その後のアイデアは格段に良くなる。

ここまでくれば、専任か兼務かを問わずDXビジネスのプロジェクト担当として最低限必要な能力は身についているはずだ。

インフラエンジニアがビジネスを学ぶ

私は住友生命に入社後すぐにシステム子会社に出向し、メインフレームやオープン系サーバーなどのハードやOS・ミドルウエアといったソフトの管理業務を中心に担当してきた。いわゆるインフラエンジニアである。その後、本社に復帰し、情報システム部でシステム全体のアーキテクチャを計画する業務を担当するようになった。こんな私のDXを学ぶためのリスキリング体験を述べたいと思う。

デジタル化で状況が変わった

インフラエンジニアの仕事には、メインフレームの機器更改やソフトウエアのバージョンアップ、業務用PCの一斉入れ替えなどがある。これらは5〜6年に一度の大きなイベントで、いわゆる花形のプロジェクトでもある。

逆に言えば、大型プロジェクトの合間の数年は、小さな案件やシステム保守が大半になる。ある意味、サイクルがパターン化され、一定の手順が存在する仕事が中心だ。何となくだが同じような仕事が続いていくのだろうと思っていた。

しかし、フィンテックの流行やデジタル化の波の中で、状況が変わる。AIを使ったPoC（概念実証）をしたい、Vitalityシステムはクラウドで動かす、オープンAPIで外部企業とデータをつなげたい、など従来とは違うDXにまつわる新しい案件が舞い込みはじめた。

今までの案件は従来通りにこなしながら、新たな案件に対処していかなければならない。しかもスピード感が違う。期限が短いのだ。

DX系の案件は従来のITスキルでは対処できないことが多く、調査・研究に時間を割いて社内に説明し、突破口を作っていく必要があった。自社で継続して扱えないものには見切りを付け、外部企業の力を借りるなど、あらゆる手を使って対応する必要にも迫られた。業務の手順やノウハウなどが社内に存在しないため、手探りで進めるしかない。忙しいなかでも、セミナーへ通ったりIT記事を調べたり、常に情報収集して対策する。若手を育成しながら、要求に応えるのは大変だった。

従来型システムの保守担当者たちからは新たな案件への拒否反応が出始め、調整が難しいケースもあった。セミナーに行くと、遊んできているのだろうとやゆする人もいる。逆に価値観が変化し、新しい案件を共にやっていたメンバー、なかでも優秀な人材が転職するケースも増えた。

しかし、これらはまだ序の口だった。

DXの壁にぶつかり強い焦り

住友生命に復帰し、情報システム部でシステム全体のアーキテクチャを中長期的に計画する担当となってから、本当の壁にぶつかることになる。

システム全体のアーキテクチャの計画は、5年先、10年先を見据え、既存システムを長持ちさせるための手当てや、新しく主戦場となっていくシステム環境の先行構築によるスピードの確保、共通機能の集約によるコスト効率化などが主なテーマである。変化は激しいものの、技術の変せんやシステムのライフサイクルを追ってゆけば、その先でいずれは答えにたどりつけるものだった。

DXはテクノロジー自体の話ではなく、これらを使って新たなビジネスや顧客価値を生むことが中心となるが、私にはビジネス・顧客価値の部分が分からなかったのだ。インフラエンジニアにとって、ビジネスや顧客の話は「与件として提示されるもの」であり、そもそも自ら考えるという発想自体がなかった。

どうにかして考えようにも、何からどう手を付ければいいかが分からない。アーキテクチャ計画も顧客やビジネスの文脈に近い領域で語ることが求められるが、全く対応できなかった。

何人もの外部のコンサルタントが社内に出入りし、新たなビジネスの企画やDXプロジェクトが立ち上がる。コンサルタントは自分たちで、目的の業務ですぐに使えるSaaSを見つけ、短期間で導入していった。

アーキテクチャの観点で意見を求められても、システムインフラの構成は答えられるが、聞いたこともないサービスやベンダーはもちろん、ビジネス的にどうしたいからこうすべきだ、ということが示せない。新たなシステムが増えるのを横目でみるしかなかった。だからといってどうすればいいかまるで分からない。

このままでは、そう遠くない日に、自分のような人材は自社または社会から必要とされなくなるのではないか――。強い焦りを感じた。

転職まで考えた自分が変わったきっかけ

不安を抱えるなかで、転職を本格的に考え始めた。技術だけで食べていける職業につくか、ビジネスが分かるような経験を積める会社に行くか。いずれにしろ、今のままではダメなことは確信していた。

突然、転機が訪れた。昼休みにある先輩から散歩に誘われ、東京・築地の川沿いを歩いていたときのことである。漠然とした悩みを相談したところ「せっかく会社がDXに本格的に取り組んでいるのだから、そこでビジネスを学べばいい」というアドバイスを受けた。さらに自らビジネスの学び方を教えてくれるという。

意外だったのは、その先輩は私の自信を失わせた原因の1つだったことだ。この先輩は、部内の中心的存在だが、ことあるごとに、アーキテクチャについてどう考えているのだ、ビジネスの変化や顧客価値を考えて答えよ、と厳しく問うてきた人でもあったのだ。そんな人が、自身にビジネスの学び方を教えてくれるという。

こんなチャンスはないと思い、会社に残ろうと決めた。

リスキリングによる成長を実感

リスキリングの日々が始まった。ビジネス発想力研修に参加し、ＤＸのさまざまな手法やビジネスモデルの考え方、発想の基本を学んでいる。

始めてから数カ月が経ったが、初めての取り組みなので、分からないことだらけで、つまずくことも多く、周囲の中で自分だけがついていけず恥ずかしいと感じることも多い。しかし、自分に足りないと感じていた部分を埋めていくことができるため、頭が活性化されて、充実した日々を過ごすことができている。

少しずつだが、ビジネスについても考えられるようになってきた。ＩＴ以外のことは自分には理解できないと思い込んでいた自分にとって大きな変化である。無力感、閉塞感がなくなり、ビジネスに関して自律的に学ぶ意欲も出てきた。今は一つひとつ新しい知識を得ていくことが楽しい。

仕事のスタイルも変わってきた。ビジネス部門との調整の際、相手の話が分からない場合にあきらめることも多く、苦手意識が強かったが、積極的に相手の話を聞いたり自分でも調べたりするようになってきた。コミュニケーションも取りやすくなったように感じる。

先輩の一言で転職をやめて本当に良かった。

おわりに

本書を最後までお読みいただきありがとうございました。

読者の皆さんには実際にリスキリングに取り組まれている方が多いと思います。リスキリングの過程ではうまくいかないことが多いと思うでしょうが、あきらめずにチャレンジしてください。世の中は今後も変化し続け、リスキリングはこの先ずっと必要になるはずです。

一度リスキリングに成功したから終わりではなく、生涯学習のように継続して時代と共に変わり続けなければなりません。

成功しても失敗してもチャレンジし続けてください。成功体験だけでなく、失敗体験からの学びを次のチャレンジにつなげていくことがリスキリングの近道です。

私自身、レガシーシステムのエンジニアからの配置転換で最初は失敗し、挫折・絶望からリスキリングが始まりました。詳しくはコラム「リスキリングでDX人材の育成者に」で書いた通りです。知識・経験がゼロからでもあきらめずに小さな一歩を積み重ねてチャレンジし続けたことで、今では社内外を問わず、リスキリングのための講師を実施するまでになりました。教える側になった今も現状に満足せず、成功と失敗を繰り返し、日々自らをリスキリングし続けています。

「実践リスキリング」というタイトルからもお分かりのように、本書は単にリスキリングが何かを学ぶのではなく、いかにリスキリングの実践に役立つかを目的としています。そこで本書では、自らの経験も踏まえ、ビジネスの仕掛けの解説、演習問題などを使い、リスキリング実践の最初の一歩を詳しく紹介しています。デジタルで新しいことを始めようとしているのにリスキリングできずに悩まれている方、リスキリングによる人材の育成に困っている方の一助となり、さらに日本企業への貢献、日本全体のＤＸ推進の加速となれば望外の幸せです。

令和４年12月　著者代表　杉山 辰彦

参考文献・参考資料

- 『改訂版 マーケティング用語図鑑』野上眞一、2021年2月（新星出版社）
- 『教養としてのデータサイエンス（データサイエンス入門シリーズ）』北川源四郎、竹村彰道（編）、内田誠一、川崎能典、孝忠大輔、佐久間淳、椎名洋、中川裕志、樋口知之、丸山宏（著）、2021年6月（講談社）
- 『この一冊で全部わかる ビジネスモデル 基本・成功パターン・作り方が一気に学べる』根来龍之、富樫佳織、足代訓史、2020年11月（SBクリエイティブ）
- 『ザンネン社員が学ぶデジタルビジネス創成術』芦屋広太（日経クロステック）
  https://xtech.nikkei.com/atcl/nxt/mag/nc/18/040200037/
- 『社内政治力』芦屋広太、2018年9月（フォレスト出版）
- 『図解即戦力 ビジネスで役立つ IT用語がこれ1冊でしっかりわかる本』小宮紳一、西村一彦、2021年4月（技術評論社）
- 『住友生命が実践、「現場DX」の勘所』岸和良（日経クロステック）
  https://xtech.nikkei.com/atcl/nxt/column/18/01861/
- 『通商白書2017』経済産業省、2017年6月
  https://www.meti.go.jp/report/tsuhaku2017/index.html
- 『デジタルガバナンス・コード』経済産業省、2020年11月
  https://www.meti.go.jp/policy/it_policy/investment/dgc/dgc.html
- 『デジタルスキル標準（DSS）』IPA、2022年12月
  https://www.ipa.go.jp/jinzai/skill-standard/dss/index.html
- 『話し過ぎない技術─話を「見せる」ためのコミュニケーションスキル』芦屋広太、2008年8月、（毎日コミュニケーションズ）
- 『ビジネスモデル2.0図鑑』近藤 哲朗、2018年9月（KADOKAWA）
- 『DX企画・推進人材のための「ビジネス発想力養成講座」』岸和良（JDIR）
  https://jbpress.ismedia.jp/list/jdir/feature/business-creativity
- 『DX企画・推進人材のための「リスキリング実践講座」』岸和良（JDIR）
  https://jbpress.ismedia.jp/list/jdir/feature/reskilling
- 『DX人材の育て方 ビジネス発想を持った上流エンジニアを養成する』岸和良、杉山辰彦、稲留隆之、中川邦昭、辻本憲一郎、2022年4月（翔泳社）
- 『DXビジネス検定』日本イノベーション融合学会
  https://www.nextet.net/kentei/dxbiz/index.html
- 『DXビジネスモデル 80事例に学ぶ利益を生み出す攻めの戦略（できるビジネス）』小野塚征志、2022年5月、（インプレス）
- 『DXレポート ～ ITシステム「2025年の崖」克服とDXの本格的な展開～』経済産業省、2018年9月
  https://www.meti.go.jp/shingikai/mono_info_service/digital_transformation/20180907_report.html
- 『DXレポート2　中間とりまとめ』経済産業省、2020年12月
  https://www.meti.go.jp/shingikai/mono_info_service/digital_transformation_kasoku/20201228_report.html
- 『IT用語図鑑 ビジネスで使える厳選キーワード256』増井敏克、2019年5月（翔泳社）

著者プロフィール

岸　和良（きし・かずよし）

1990年、住友生命保険入社。システム企画、システム統合プロジェクトなどを担当後、2016年からDX型健康増進保険の住友生命「Vitality」のシステム開発責任者。2021年からデジタルオフィサーとして、デジタル戦略の立案・執行、社内外のDX人材の育成活動などを行う。

「Vitality DX塾」の塾長。豆蔵デジタル担当顧問、NODE客員Director、経済産業新報顧問、EQパートナーズDX顧問、ネクストエデュケーションシンク最高デジタル担当顧問、日本イノベーション融合学会顧問、デジタル人材育成学会役員。

著書に『DX人材の育て方 ビジネス発想を持った上流エンジニアを養成する』（翔泳社）、論文に「DXの成功要素とDX人材の育成について」、連載記事に「住友生命が実践、『現場DX』の勘所」（日経クロステック）、「DXの成功と失敗の本質」（経済産業新報）、「DX企画・推進人材のための『ビジネス発想力養成講座』」（日本ビジネスプレス）、「DX企画・推進人材のための『リスキリング実践講座』」（日本ビジネスプレス）、「DX人材育成の道しるべ」（ニッキンオンライン）などがある。

杉山　辰彦（すぎやま・たつひこ）

2008年、スミセイ情報システム入社。保険基幹システムのアプリケーション開発・保守に十数年従事。保険基幹システムで保険事務対応のプロジェクトマネジャーなどを担当後、2019年の立ち上げから住友生命のDXプロジェクトに参画。DXプロジェクトのシステム部門の企画・推進リーダーの後、2021年からDXプロジェクト開発のプロジェクトマネジャーを担当。2019年からは住友生命グループ、社外向けのDX研修の企画・運営も担当し、DX人材の育成活動などを行う。「Vitality DX塾」の副塾長。

下田　悠平（しもだ・ゆうへい）

1999年、住友生命保険入社。保険基幹システムのアプリケーション開発・保守に十数年従事。保険商品開発のプロジェクトマネジャーなどを担当後、2018年からDX型健康増進保険の住友生命「Vitality」のシステム開発を担当。その後、DXプロジェクト、デジタル完結型ミニ保険開発、次世代型保険基幹システム開発など、各種デジタル戦略プロジェクトの企画・推進を担当。「Vitality DX塾」や社外コミュニティーの運営なども行う。

宮本　智行（みやもと・ともゆき）

2006年、住友生命保険入社。保険基幹システムのインフラ開発・保守に十数年従事。2019年からはレガシーシステムの長期安定稼働に向けた、要員・システムの維持改善の取り組みや、次世代システムインフラへの移行に向けた新技術評価を担当。その後、フィンテック事業者との協業プロジェクトなどを担当し、2022年からDXプロジェクトへ参画。「Vitality DX塾」や社外コミュニティーの運営なども行う。

稲留　隆之（いなどめ・たかゆき）

2008年、住友生命保険入社。保険基幹システムのアプリケーション開発・保守に十数年従事。R&D（AI／データサイエンス／ブロックチェーン）の研究活動にも携わり、ビジネストランスレーター育成プログラムの企画・運営や社内外でプロトタイピングイベント（ハッカソン）の企画・運営などデジタル人材の育成活動を行う。2019年からDXプロジェクトへ参画し、現在は次世代型保険基幹システムやデジタル戦略プロジェクトの企画・推進を担当。

実践リスキリング
DXを成功に導く人材を育成する

2023年2月27日　第1版第1刷発行

著　　者　岸 和良、杉山 辰彦、下田 悠平、宮本 智行、稲留 隆之
発 行 者　小向 将弘
発　　行　株式会社日経BP
発　　売　株式会社日経BPマーケティング
〒105-8308 東京都港区虎ノ門4-3-12
装　　丁　小口 翔平＋後藤 司（tobufune）
制　　作　マップス
編　　集　中村 建助
印刷・製本　図書印刷

本書籍に関するお問い合わせ、ご連絡は下記にて承ります。
https://nkbp.jp/booksQA

Printed in Japan
ISBN978-4-296-20164-8